# 元気の素は海にある！

## 100歳現役ダイバープロジェクト始動中！

ダイビングスクール＆コンディショニングセンター
ミッドサマー代表 家接 剛志

# はじめに

## 『元気の素は海にある』

これは、ダイビングの師匠からもらった言葉だ！

「人生100年時代」と言われる今の時代。一生が以前より長くなり、健康寿命も長くなっています。つまり現役として活動する事が出来る期間もまた延びているのです。

今、高齢者と言われている人は65歳以上の方であり、いわゆる団塊の世代に生まれた方達で、男性であれば仕事第一、女性であれば家事と子育て優先で趣味を行う機会が少なかった方が多く、いざ定年を迎え、あるいは子育てもひと段落した時にその後の人生において「何もする事がない」「やりたい事が見つからない」と言う方もいらっしゃるかも知れません。

逆にやりたい気持ちはあっても、思う様に動けない身体になってしまっているケースもあると思います。

健康寿命を維持するためには、何事でも良いので「現役」を続ける事が大切だと思うのです。

そして「現役」を続けるために趣味を持つ事が必要で、それによって楽しみが増え、多くの人とのコミュニケーションが生まれ、孤立感を感じなくなります。また生きがいを見つける事で行動範囲が広がり、活動量も増え体力もついて健康寿命が延びて人生を最後まで楽しむ事が出来ると考えています。

ですから、この本を読んで一人でも多くの方に「まだまだ自分も出来る！」と自信をもってこれからの人生を楽しんでもらえるキッカケになって頂ければ幸いです。

また高齢者を抱えるご家族や夢を持って頑張っている若者の皆さんにも、どんな事をはじめるにも、年齢は関係なくチャレンジする事！　現役を続ける事の大切さを知って欲しいと考えています。

# 目次

はじめに　3

第一章　自分の夢はダイビングインストラクター！

第一節　憧れのダイビングインストラクターへ！　10

第二節　ふとしたところから思いついたシニアのためのツアー　11

第三節　挫折の連続からミッドサマーオープンまでの道のり　16

第二章　元気の素は海にある！

第一節　生きがいがあなたを元気にする！　24

第二節　ダイビングは健康寿命を延ばす一つの方法　30

第三節　70歳を過ぎてもダイビングははじめられる　34

第三章　なぜシニアになると体が衰えるのか
第一章　体の衰えのメカニズム　40
第二節　筋力減少の悪循環　43
第三節　筋力を維持するためのノウハウ　46
第四章　シニアダイバーをサポートする効率的なノウハウについて
第一節　シニアダイバーのサポートは信頼関係が築けて成り立つ　54
第二節　シニア世代をやる気にさせるテクニック　59
第三節　ダイビングインストラクターがトレーナーである強み！　63
第五章　ダイビングインストラクターとしての心構え
第一節　インストラクターの使命とは　68
第二節　ダイビング中に起こり得るリスクのメカニズム　72
第三節　シニアが事故を起こさないようにするために必ず行う事　79

第六章　１００歳現役ダイバーを目指し、
健康寿命を伸ばすための１００トレのノウハウとは
第一節　１００トレ誕生のキッカケ　86
第二節　１００トレ効果のメカニズム　93
第三節　公開！　誰でも出来る！　自分だけで出来る！
１００トレ最強のメニュー２つをご紹介　102
第七章　ミッドサマーでダイビングを楽しむシニアダイバーの紹介！
第八章　健康なシニア世代を支えるための僕の役割
第一節　元気のお裾分け！　162
第二節　ダイビングを離れた私の活動　166
第三節　健康寿命を延ばすには生涯現役　170

おわりに　174
【参考資料】　178

# 第一章

## 自分の夢は
## ダイビングインストラクター！

## 第一節　憧れのダイビングインストラクターへ！

ミッドサマー（僕が経営するダイビングスクール）が今年20周年を迎えられたのは人とのご縁が大きかったと思います。

成人になり仕事に就く時、自分の一番好きな事を仕事に出来ている人は果たしてどのくらいいるのでしょうか？　決して多くはないと思うのです。

その様な中で、僕は幼い頃から憧れていたダイビングの仕事をして今大切な家族や仲間と毎日過ごせている事は本当に幸せだと感じております。

学生時代は野球、ラグビーともっぱらスポーツ少年。進学はすべてスポーツ推薦。就職もまた社会人ラグビーの推薦でした。ただ海への憧れはずっと心の中にありながらも尊敬出来る上司の下で社会人としてのいろはを学びながら営業職とラグビー部の活動を続けていた時に父が急逝。

父の死を通して時間は無限ではない事を改めて感じ、父の様に自分の一番好きな事を仕事として思い切りやってみようと心に決め、ダイビング業界へ転向したのが25歳の時でした。

今年20周年を迎えたミッドサマーは、まさにこの最初に勤めていたダイビングショップにおいて出会った皆さんの応援と後押しによって実現したお店なのです。

## 第二節　ふとしたところから思いついたシニアのためのツアー

ダイビングショップで働きはじめた当初は、将来は大好きな海の近くでダイビングショップをオープンし、そこでお客様をガイドして毎日大好きな海に潜れればよい！　といった非常に単純で浅い考えで、当然の事ながら、シニアダイバーのためのダイビングなぞ当時は全く考えていませんでした。単に「海に行きたい」「潜りたい」そればかりを考えていたのです。

ちょうどその頃からお店には60代のお客様が来るようになったのです。今まではお客様も20代30代の方がメインだったのですが、２０００年くらいから、50代以上の方のダイビング人口が少しずつ増えはじめたのです。とは言え、スタッフは正直、そうした年齢層ばかりではなく、極端に言えば40代以上のお客様が来るとシニアのお客様だと少し敬遠しがちな空気が流れていたように感じました。

シニアダイバーがダイビングを楽しもうと思った時、本来なら青い空の下、白い砂が広がるコバルトブルーの海の中でウミガメと泳ぎ、アフターダイブは美味しいお魚を食べてキンキンに冷えたビール！　という理想の時間をイメージしていても現実には周りは20代30代の若者だらけで、若い人に比べて一つ一つの指導に時間はかかる、ダイビングそのものも若い人の様にすぐに上手になれません。それどころか迷惑をかけるかもしれないと気を遣って遠慮しがちになってしまっています。おまけに海は透明度も低く、インストラクターが海中で紹介する魚は小さな珍しい魚ばかりで、さらには老眼で見えないし興味もなくなってしまうわけです。

ですから、そういう方々の運命はライセンスを取得し今からがダイバー人生スタートなのに、楽しめないまま辞めてしまう人が多かったのです。

その様な現状を見ながらも、「シニアの方々のためにダイビングを楽しませるのが僕の使命だ！」とは当時は全くなく、ただ自分が海に行きたい。じゃあ、その海になかなか行く事ができないシニアの方を集めたら僕は海に行けるのではないか？　海外ツアーにも行けるのではないか！　！　とひらめいたのです。

そこで会社員時代の尊敬する上司から学んだノウハウ「やりたい事があるならまず提案しなさい」という言葉を思い出し、キャプテン（当時の社長）に、シニアばかりでもツアーを組める十分な人数がいる事と、見込み利益を予測してサイパンツアーを提案したところ、「やってみな！」と即答でした。

表向きは「シニアの方を心からケアして楽しませる」といったものでしたが、実際はそんな立派な事を考えていたわけではなく自分がいかに「海に行く」事が出来るかを実現したかっただけで、サイパンに行くまでは南国の海に潜れるワクワク感のみでした。もちろん、そんな事表立って言える事ではありませんでしたが…。

しかし、そのサイパンツアーが見事大成功！　募集をかけた所、すぐに8人の参加者が集まったと記憶しています。サイパンツアーは行きの飛行機からまるで子供の遠足の様に笑いが絶えません。

しかし、いざ海に潜るとなると、今だから言えますが。皆さんダイビングは決して上手とは言えない状態でした。

それもそのはずです。ライセンスを取ってもほとんど練習してないのですから当たり前と言えば当たり前なのです。ですから、当然器材は僕らがサポートしないと背負えない、もちろん潜降も、泳ぐのも当然僕らのサポート無しでは出来ません。ボートか

サイパンの海

ら飛び込めば皆一斉に八方に泳ぎだし、少し目を離すと浮いてしまい、一人をサポートすれば、今度は他の方が沈んでしまいという状況です。ですから2人の手をつないで、足で一人を挟んで浮かないようにするといった、まるで、ゲームセンターのクレーンゲームのような感じでした。

ですから、最初の僕の思惑でもあった「サイパンの海を楽しもう！　！」なんて言う余裕は全くありませんでしたが、船に上がった時の皆さんの笑顔は今でも忘れる事はできません！

そして僕自身、今までと違った満足感がそこにあった事を鮮明に記憶しています。

シニア世代だけで気兼ねなくいけたサイパンツアーで気づいた事は、実はシニアダイバーの皆さんは若者チームより飲み方も悪ふざけ方も勢いもすごいと言う事です。それだけ若者の中に交わってダイビングをしていた時には遠慮があったのだと思います。

帰国後も「またツアー組んでよ！」と皆さんお店にも頻繁に遊びに来てくれるようになりました。ある雑談中、「グループに名前つけたら！　！」という提案があり、「楽で楽しい会だから楽楽会でいいんじゃないか」と即決で『楽楽会』に決まりました。そして、楽楽会命名のおじさんダイバーは海が好き過ぎて石垣島へ移住して船まで買ってどっぷり島人になりましたが残念ながら65歳の若さで永眠。

それは偶然にも僕の誕生日7月15日。なんか運命を感じます。

## 第三節　挫折の連続からミッドサマーオープンまでの道のり

横浜のショップに勤めながらもやはり心の中にはリゾートでのダイビングに憧れがありました。そんな時、以前お世話になった久米島のダイビングショップの社長が減圧症を患い、潜る事が出来なくなったので島へ来て手伝って欲しいと言うお話を頂いたのです。この時28歳。「これは一世一代のチャンス！」とばかりに久米島へ行く事を決意したのです。これが２００２年6月。ミッドサマーを立ち上げる約10カ月前の出来事でした。ただよくよく考えてみればかなり無鉄砲な話で、実は会社員を辞め、ダイビングショップに勤めたのは長男が生まれる2か月前。

そして久米島行きを決めて妻に報告したのは、次男が生まれるわずか数日前。出産のために里帰りしていた時に電話で伝えたものでした。そして次男が生まれ、家族みんなが自宅に戻って来てからたった2か月後の２００２年9月に僕は単身で久米島へ移住したのでした。

あの時は僕の中には自分の夢が叶うというワクワクしかありませんでしたが、転職、久米島行きそしてその後のミッドサマー立ち上げまでの波乱万丈な生活は家族の理解と協力がなければできなかったと思うので、本当に感謝の気持ちでいっぱいです。

僕は意気揚々と久米島入りを果たしたまでは良かったのですが、現地のダイビングに対する考え方や経営方針等、自分の考えとかなり隔たりがありました。そんな理想と現実に打ちのめされ、わずか2週間で久米島のショップを辞める事に致しました。

今考えれば、僕自身が自分でやりたい気持ちが強くて、他人から指示される事に抵抗があったのだと思います。それでもまだ沖縄への想いが強く、今度は家族を沖縄本島へ呼びよせ生活をはじめましたが、やはり仕事は見つからないまま2か月ほどが経過したころ横浜のダイビングショップに勤めていた頃のお客様たち（当時60代）から、「ツグ（僕の愛称）がいなくなって潜れなくなってしまった！」、「横浜に帰って来てガイドをして！」と色々な方から連絡を頂いたのです。それでもまだ沖縄で仕事をしたいと言う未練もあり、ここに残るべきか、横浜へ帰るべきかかなり悩みました。

そんな時、ネットを見ていると新横浜に6坪程度の店舗が6万円で借りられる物件を見つけて独立も考えましたが、果たして家族を養う事が出来るのかと悩みました。そんな時、知り合いより熱海のポイントを任せるのでやってみて欲しいとお声がけ頂いたのです。家族を持つ身としては好条件でしたので、家庭の安定を考えた時には、新しいお店を開くより、熱海の仕事の方が良いと思い受ける事にしたのです。

熱海で勤めている時も、横浜のショップの時のお客様がわざわざ熱海まで足を運んで下さり、一緒に潜っては「横浜に戻って来て欲しい！」「独立してやってみればよい！　応援するから！」と。

これだけ転々としている自分を待っていてくれるお客様がいる事が本当にありがたく思いま

した。

熱海での仕事はまたしても自分が思い描いていたダイビングの仕事とは程遠く、やはりここも2か月で退社してしまったのです。ただ人生無駄な事など一つもなく、この熱海の当時の店長は今の僕に一番影響を与えたアドバイザーであり尊敬するトレーナーでもあり経営者でもあり今でも大変お世話になり色々な事を学ばせて頂いております。


色々な経験を重ねた結果やはり、僕は自分のやり方で自分の店を持ちたいのだという事に改めて気づき熱海を引き払い沖縄にいた時に探していた新横浜の店舗にまだ空きがあったので、そこで思い切って独立を決意！

2003年4月1日。29歳の時にダイビングスクールミッドサマーをオープンしたのです。

新横浜のダイビング屋
HIACE
横浜400
っ34-03
TEL 045 (433) 8593
2007/01/28

# 第二章

## 元気の素は海にある！

## 第一節　生きがいがあなたを元気にする！

さて、「元気」とはどういうものなのか読者の皆さんは考えた事がありますか？「元気」という言葉を辞書で調べると、「①心身の活動の源となる力。②体の調子がよく、健康である事。また、そのさま」と定義されています。しかしながら、これは必ずしも数値化出来るものではありません。

確かに厚生労働省などが、検診検査項目において、血圧、中性脂肪、血糖値、ＢＭＩ等事細かに「健康」であるための判定基準を出しています。

ＢＭＩは、「Body Mass Index」の略で、カラダの大きさを表す指数で体重（キログラム）を身長（メートル）の二乗で割った値です

ＢＭＩ＝体重（kg）÷身長（m）÷身長（m）

理想体重におけるＢＭＩ値は「22」とされています。

しかし、人それぞれ、身長も体重もすべて異なります。それにもかかわらず単一の基準で判断する事には大きな疑問があります。また、大きな勘違いとして、これは特に若い女性に多い話なのですが、痩せれば若く見え、きれいでモテると思い、ダイエットやら健康食品の過剰摂取で逆に健康を損ねてしまっている人もいるわけです。あるいはこうした健康診断では全く問題のない人であっても、見た目が、どこか病んでしまっているような人もいれば、自分自身で「元気」に感じられないという人もいるわけです。

どうしてそうなってしまうかと言えば、結局は自分が「生きる」という事の意味を失ってしまいストレスを抱えてしまうから「元気」が出ないのではないでしょうか。特にコロナ禍にあった2020年から2022年の間は、東京では4回も「緊急事態宣言」が出され、行動が制限され、自由に人とも会う事ができない日々が続きました。さらに、日本人という真面目な国民性のために、辛抱強くこの状態を我慢してしまいました。何を活力にすればいいか、途方に暮れていたために「元気」を失ってしまったのだと思います。

それに引き換え、たとえば、僕のお客様のシニアダイバーの方は、とにかく「元気」がみなぎっています。つまり、「ダイビング」が皆さんの「生きがい」となっているからだと思います。もちろん、「ダイビング」に限らず、「ゴルフ」でも、「サーフィン」でも「登山」でも何でも良いと思います。「生きがい」となる事を見つけて思いっきりそれを楽しむ事が「元気」の素を作る事になるのです。

僕のお客様にとってはたまたまそれが「ダイビング」であったという事で、海に出かけて潮風にあたり、紫外線を浴びれば免疫力を上げる事になりますし、海に潜る事で、十分な運動をする事になります。また海中での非日常を体験すれば、それはストレス発散にも癒やしにもなる事でしょう。言うなれば、全身天然温泉に浸かっているのと同じかと思います。

ちなみに「ダイビング」がもたらす健康利益として僕は次の5つが上げられると考えます。

1. 肥満などの予防・改善
2. 骨量の維持
3. 筋力、持久力、柔軟性など体力増進
4. ストレス耐性の増強

## 5. 満足感、達成感、自信の獲得

詳しく説明すると、水中では身体全身に水圧がかかるため静脈環流の促進（ミルキングアクションが起こる）が促進されます。「ミルキングアクション」についてご説明すると、心臓は血流を全身に送るポンプの役割をしている事はご存知と思います。しかし、心臓だけでは、かなりの負担となるため、これは重力の影響で心臓から遠い脚に留まりがちな静脈血を、筋肉のポンプ作用を利用して心臓に還流させる事を、乳搾りに見立てて表現した言葉です。つまり、運動中は、全身の血流が増加し、それを心臓へ戻すのはかなりの負担が掛かりますが、水中だと水圧があるので、心臓への負担をかけずに血液循環を保つ事が出来るので、筋肉が少ない高齢者にはすごいメリットです。

また体温上昇を抑え長時間の運動が可能になります。1回のダイブで1時間近く潜る事もあります。つまり、1時間トレーニングする事につながります。

また浮力があるので重力軽減！　膝や腰痛予防効果も期待できます。これはアクアエクササイズと一緒で負荷の調節が自由自在で、速く強くフィンキックすればそれだけ重い負荷がかかります。まさに安心安全効果抜群のウエイトトレーニングとも言えるでしょう。

そしてダイビングすると必然的に太陽の光をたくさん浴びる事になります。「日焼けやだぁ〜。」とミッドサマーの女性シニアダイバーたちはよく言います。実際のところ近年太陽を浴び過ぎると皮膚がんになるなど悪者扱いになっていますが実は、適度な紫外線を浴びる事で健康利益は莫大です。太陽を浴びると体内でビタミンDが生成され骨が強くなります。最近の研究で、抗炎症作用や免疫調節作用、抗がん作用なども報告されています。具体的には、各種の生活習慣病のリスク軽減、そして感染症予防などの効果が報告されています。

アフターダイビングでは、「ウミガメと一緒に泳げた」「サンゴがきれいだった」「タコが私を見つめていた」冷えたビールを飲みながら、会話をする事でストレスを発散する事にもつながります。そんな時間が活力寿命・健康寿命を延ばしてくれているのです。

だからこそ、出来るだけ長く安全に「ダイビング」を行っていただくために、シニアダイバーの方々の健康のトレーナーを並行してやっているわけです。そして、それが神奈川県、静岡県そして海外で「デイサービスにじいろ」を展開する株式会社ＬＩＬＹの長尾大輔社長の目にとまり、利用者の方に「元気を与えたい」という事で、僕が考案した機能訓練である「にじいろ体操」を実践して頂いています。そうした機能改善の活動が、高齢者福祉の世界にも広がりつつあります。今後、ミッドサマーのメンバーだけではなくすべての高齢者が「生きがい」を持ち、ＱＯＬ（Quality Of Living）「生活の質の向上」につながって行けば、より元気なシニア層が増えていくと思いますし、その手伝いを今後も広げていけたら良いと思います。

紫外線浴びて潮風あたって免疫力UP!!

## 第二節　ダイビングは健康寿命を延ばす一つの方法

僕も最近知ったのですが、健康寿命に関しては日本が世界一になっていました。２０２３年の調べでは74・1歳で、2位がシンガポールの73・6歳、3位が韓国で73・1歳と1位から3位までをアジア圏の国が独占していました。しかし、日本の事情を言えば3人に一人が70歳以上で、１００歳を超えている人が約9万5千人ですから今後も、平均寿命と同時に、健康寿命はさらに伸びていく事が予測できます。

健康寿命とは、健康に関する問題で日常生活が制限される事なく生活出来る期間を示しています。今の世の中、医療技術が向上し、ワクチン等が多く開発される事で、長寿が保てる事は確かに事実です。しかし、そうしたものを利用して単に「長生きする」のは、単に平均寿命つまり、生まれた時から亡くなるまでの平均余命を指し、介護や支援を必要とする期間も含めてしまうので、健康状態にかかわらず、生存している期間が寿命に換算されています。

ですから、「生きがい」を持って「生きる事」とは全く異なる事と言えるでしょう。

２０２０年から約3年続いたコロナ禍においても、ワクチンを打って、自宅に引きこもっているのが果たして本当の意味での疾病予防と言えたのでしょうか？　誰もが知っている事として、免疫力を高めるためには紫外線を浴びる事が大切（もちろん、紫外線の浴び過ぎは皮膚がんや視力の低下といった悪影響を及ぼすのは否定しません）であって、また適度な運動をして、栄養価の高いものを食べる事が一番なのです。ダイビングツアーを例にとれば、昼間はダイビングをして、夜は、地元の美味しい海の幸を食べながら美味しいお酒を飲んで、気心知れた仲間たちと楽しく語らう事が肉体的にも精神的にも健康にならないはずがありません。

それに何よりも「ダイビング」を通じてできた仲間には仕事や立場、老若男女を問いません。僕の店では、シニアダイバーが20代30代の若いダイバーと一緒に潜りますので、年齢の差を超えた友達作りが可能になりますし、80代の男性ダイバーが20代の女性ダイバーたちと仲良くなってＬＩＮＥを交換したり、誕生日を祝ってもらったりと若さを頂いているようです。

もちろん「生きがい」を持つという事では、ダイビングに限る必要は無いとは思いますが、たとえば「カラオケ」や「囲碁」となると、どうしてもシニア層の方が多く集まりがちです。どうしてもシニアだけですと、他の年齢層とのコミュニケーションが取りにくくなってしまうという欠点がありますので、広い年齢層の方との交流が出来るアクティビティを選ぶ事が大切だと思います。

また、もう一つの考え方としてダイビングをして健康になるというモチベーションを保つ必要があるのです。厚生労働省の出している健康診断基準値としての項目にある高血圧、糖尿病、血糖値、中性脂肪値、尿酸値等など、健康診断基準値が良い人が健康だとは限らないと思っています。

逆にその数値に一喜一憂しながら生活をするのは非常にストレスの貯まる事であって、決して健康な事ではないと思います。

逆にいうと、健康診断書を見て数値が良くても、見た目が健康に見えない人は多くいます。少し血圧が高いほうが生き生きしているように見えるというのはよくある話です。書店には行けば血圧を下げてはいけないという本もたくさん並んでいます。むしろ、そうした事に気を取られるよりも、ダイビングを通じて社会の中のつながりを維持、あるいは、ダイビングを上手に出来るようになろうとするモチベーションを保つ事の方が大切ではないでしょうか。

実際、シニアの方がツアーに参加するという事は、アスリートが試合に望むのとほとんど変わらないのです。ツアーに参加する時に最高のコンディションにするために、それに向けてのトレーニングは欠かせないものです。つまり、ツアーに合わせてトレーニングメニューとそれに合わせて体力作りや食事メニューを考え、それをお手伝いするのが我々の役目なのです。たとえば、色々なスポーツのコーチとコンディショニングトレーナーとメンタルトレーナーを兼用しているような形です。一般的なショップでは、ダイビングのインストラクターだけがいて、体力作りは各々がそれぞれのスポーツクラブに通っているという状態だと思います。

しかし、ミッドサマーはダイビングのインストラクターの僕達が、お客様の健康コンサルをしてコンディショニングや体力作りをしています。その方が非常に効率もよいですし、お客様との信頼関係も構築出来るというわけです。またシニアの健康作りという側面を考えると高齢者体力作り支援士としての活動をしている事も新しい情報収集にも大変に役立っています。

この様に年齢に関係なく、自分自身の目標を持ってそれを実現するために日々を頑張っていく事で人それぞれの健康寿命は伸ばす事ができ、「ダイビング」はその中の一つの手段と考えられるのです。

## 第三節　70歳を過ぎてもダイビングははじめられる

確かに、ダイビングをする上で加齢はリスクである事は間違いありません。実はダイビングをする上で、45歳以上はシニア同然、病歴書の質問項目が一気に増え一つでもチェック項目がつくと必ず医師の診断書が必要になります。また、ダイビングをする上では必ず「病歴／診断書」の参加者チェックシートの各質問項目に回答しなければならず、質問項目に一つでも「はい」がある場合には医師の署名入りの「病歴／診断書」の提出が必要になります。当然の事ながら、シニアともなれば、チェック項目をすべてクリアする人はごく稀で、たいていの人はどこかに問題を抱えているものです。

たとえば、チェック項目の中に「高血圧である」という質問がありますが、血圧一つ取っても、一般には正常値は、最高血圧が135mmHg未満、最低血圧が85mmHg未満と言われています。しかしながら、人によって、体格も年齢も異なりますので、果たして本当にこれを基準に考えて良いのかどうか疑問は残ります。それに、高齢者は180mmHgから160mmHgの人の寿命が一番長く、逆に、一般にいう正常値の人の生存率が一番低いと言っている医師もいます。

血圧が高くなるのはそれなりに理由があって、年を取れば老化によって血管の弾力性が低下し、血液の流れが悪くなるためで、昔は正常の血圧は年齢プラス90～100と言われていたのです。実際2014年に日本人間ドック協会が血圧で収縮期血圧88～147、拡張期血圧51～94は正常という発表をしているのですが、なぜかすぐに白紙撤回されてしまったのです。

そもそも血液で全身に栄養を送り届けたいわけですから年齢とともに血圧が上がるのは生理

的現象でそれを無理やり薬で下げてしまうと感染症やがんの罹患率が上がってしまうと懸念している医者もいます。

とは言え、血圧は日によって変化があるわけで、あるお客様が100トレ（後述する100歳現役ダイバーを目指したパーソナルトレーニングプログラムでミッドサマー店内にて開催している）の前の計測で150mmHgが通常の血圧であったものが急に120mmHgになっていれば、大きな懸念事項として様子を見させていただいていますが、あくまでも目安として考えています。また、シニアの健康管理という事で僕が一番気をかけている事が体重です。日常生活の環境が特に変わっていないにも関わらず急に体重が落ちたというのは要注意です。特にシニアの方は脱水気味になりやすいために、体重が落ちたのは脱水症状を起こしている事もあり、また内蔵に疾患を抱えているという可能性があるのです。また、筋力も落ちるために、老いが進んでいると認識するべきです。ですから、基本的には毎回の100トレでの記録を残してデータ化して、常に体重を一定に保てるように心がけさせるようにしています。こうした健康管理をしっかりした上で、お客様御本人にダイビングをやろうとする気持ちと、ご家族の理解があれば、70歳を過ぎていても、ダイビングをする事が可能です。

もちろん、「いい歳してダイビングなんぞ危険なのではないか」と反対するご家族も中にはいるようですが、そのための100トレです。また、ダイビングをしている時の動画や画像を通して、逆にご家族の方とのコミュニケーションが増える事は間違いありませんし、ご自身の孫にも影響を与えて一緒に潜るようになったという方も中にはいらっしゃいます。

そのようにご家族の理解と協力が得られてこそ、ダイビングを通じての健康寿命の維持が可能になるのです。

# 第三章

## なぜシニアになると体が衰えるのか

# 第一章　体の衰えのメカニズム

人生100年時代と言われる現在においても、人間は生まれてから成人し、成熟期を迎えると、そこをピークに徐々に低下していきます。いわゆる「老化」と言われる現象で、これは誰にでも起こる事ですが、その変化のスピードには個人差があります。では、なぜ「老化」つまり、体の衰えが始まるのでしょうか。

実は、人間の体には欠かせない「酸素」が老化の原因と言われています。意外に思われると思いますが、「酸素」と言われる人間にとって命綱と言われるものですが、「酸素」とは読んで字の如く「酸の素」なのです。つまり「酸化」をもたらすものである事もまた事実で、たとえば、切ったリンゴが空気に触れると茶色く変色するのと同じで、人の体も酸化させて、サビをもたらしてしまうのです。

では、なぜこうした事が起こるのかというと、呼吸によって酸素が取り込まれると、肺から血液を通じて、体全体に送られ、それぞれの場所でエネルギーを作り、筋肉を動かす事に使われます。しかし、エネルギーを作る際に、「活性酸素」となるものがわずかですが発生してしまいます。これが体を錆びさせる原因となるのです。しかし、活性酸素は決して体に悪影響を与えるばかりではなく、体内に侵入してきたウイルスや細菌を殺すといった役割を果たしています。しかし、この活性酸素が、増え過ぎる事によって体内の組織を傷つけてしまいます。

では、活性酸素が増えてしまう原因とは何でしょうか？　そこにはさまざまな要因があります。

まずは、ダイオキシンや排気ガスなどの大気汚染、またわずかながら日光から届く放射線も同様です。また、日常生活におけるストレスも活性酸素を増やす原因で、現代生活において仕事や、複雑な人間関係などにストレスを受ける機会は非常に多くなっています。また、同じストレスを受けても、感じやすい人と、あまり感じにくい人でも差はありますし、ストレスをうまく発散出来る人と、できない人という違いもあります。嗜好品を考えると、喫煙も活性酸素を増やす要因としても大きいものです。他人が吸うタバコの煙による受動喫煙でも活性酸素が増えますし、老化防止に役立つビタミンCを壊してしまいます。

さらに、睡眠不足も大きな問題で、特に日本人は、世界の中でも睡眠時間が短い国民といわれています。つまり睡眠時間と共に、若さを削ってしまっているのです。当然の事ですが、活性酸素が増え過ぎないようにするシステムが備わっていて、それが抗酸化力です。抗酸化力には活性酸素の発生を抑えたり、活性酸素の酸化力を抑えたりと老化を防止してくれる抗酸化酵素を作る仕組みであるのですが、抗酸化酵素を作り出す力のピークは20歳代で、そこからだんだんと低下していき、40歳を過ぎた頃から、急激に減少してしまいます。そうなると、活性酸素の力が、抗酸化力を上回り、老化が進みはじめます。「昔できた事が思うようにできなくなった」と感じるのは、まさに老化。体の衰えが始まってきた証拠なのです。しかし、ここで考えたい事が、「年を取れば、誰でも老化する」これは本当でしょうか。

実は「加齢」と「老化」は、全くの別物です。「加齢」は誕生からの時間の経過を示すものです。同じ年の同じ日に生まれた人は、50年後、共に50歳になっています。一方、「老化」とは、大人になって以降、加齢に伴い、体の衰えを示します。しかし、同じ50歳でも、若く見える人もいれば、やたらと老けて見える人もいます。つまり、加齢は平等ですが、老化には個人差が存在します。また、加齢は止められませんが、老化は活性酸素による「酸化」を防ぐ事で予防する事が可能で体の衰えに年齢はあまり関係ないとも言えるのです。つまり、本来備わっている抗酸化酵素が働きやすいようにバランスの良い食事・適度な運動・十分な睡眠を心がける事が体の衰えを防ぐ事につながります。

## 第二節　筋力減少の悪循環

人間の体というのは非常に効率的に出来ていて、使わない機能があると、徐々に衰えて使えなくなっていってしまいます。たとえば、昔から機械いじりが好きで、壊れた家電があると自分で進んで修理する事ができたのに、やらなくなったらすっかり家電修理が出来なくなった、よく子供の運動会でお父さんがリレーで転んでいる姿はまさにそれ！　足腰の筋力低下が原因という事です。

また、事故などで骨折して寝たきりの生活が続くと、体を動かす機会が減り、全身の筋肉量が減って、さらに動けなくなり、最悪、歩く事さえできなくなってしまいます。

1日寝たきりで全く筋肉を使わないと1日1～3％、1週間で10％～15％、3週間～5週間では約50％までも筋肉は委縮して筋力低下していきます。また30歳ごろから何もしないと筋肉量は減り続けて55歳のころから急降下で減っていってしまいます。何もしないと身体全体の約70％以上を占める下半身の筋肉は20歳をピークに減少しはじめ50歳で約10％、80歳なら30％筋肉が減ってしまうと言われ歩くのに大切な腸腰筋、大腿四頭筋は半分まで減ってしまうとも言われています。

しかし骨も髪の毛も目も肌もすべての器官は機能低下していきますが唯一筋肉だけは使えば使うほど増えていきます。これは若い人に限った事ではなくシニアの方にも言える話なのです。

筋肉を動かさないでいると、筋肉内のカルシウム濃度が低くなり、これが筋肉を減らす原因となります。特に加齢による筋肉の減少と、運動能力の低下を「サルコペニア」と言いますが、そのまま放置しておくと、転倒するなど、骨折の原因を引き起こし、最悪、要介護状態になるなど、日常生活に深刻な影響を及ぼす事になります。

また、筋力・活力の低下は、活動量の減少やエネルギー消費の減少につながります。結果として、食欲が低下して低栄養状態に陥り、さらに筋肉減少という悪循環を招いてしまいます。そのために、そうした筋肉減少を起こさないためにも、運動やトレーニングによって筋肉量を増やしていく事が必要なのです。

それに加えて、筋力低下の予防にフレイルの進行を防ぐ事も重要です。フレイルとは、本来「か弱さ」や「壊れやすさ」を意味する言葉です。つまり、壊れやすいものは大切に扱う必要があるわけで、フレイル高齢者とは「壊れやすい高齢者」、すなわち健康寿命を失いやすい高齢者であり、健康を保つための配慮が今まで以上に必要な人々です。適切な評価や手入れをする事で、健康寿命を延ばす事が十分に期待出来るため、早く見いだし対応する事が大切です。

ではなぜ、そうなるのかと言えば、加齢が身体的・精神的な変化を引き起こし、生活を取り巻く環境と社会的な要因があわさってしまうからです。たとえば、リタイア後、社会とのコミュニケーションが減少して、活動する機会がなくなる、あるいは、体力の衰えを実感しはじめ、あるいは、将来への不安などの環境の変化があります。

また、フレイルには、筋力低下などが起きる「身体的フレイル」ばかりではなく、認知機能の低下やうつから起きる「精神・心理的フレイル」、歯や口の衰えから起きる「オーラルフレイル」、独居や閉じこもりを背景にした「社会的フレイル」などの要素も含まれております。ですから、フレイルを予防のためには、精神面・身体面・社会面で働きかける事が重要です。

つまり、日常的な家事や、ペットの世話などや趣味のサークルなどに参加する事などがあげられます。高齢でありながらも農業に従事している人が一般的に元気である事を考えれば納得の行く話なのではないでしょうか？　僕のお客様であるシニアダイバーの方は、「ダイビングをする」事によって、多くの非日常を体験していますし、ダイビングという全身運動を行う事で体を動かし、若い世代の方との交流を通じて、精神的にも身体的にも健康を保つ事ができています。

## 第三節　筋力を維持するためのノウハウ

もちろん、シニアの方でも、トレーニングによって筋肉をつける事は可能です。ある研究によると、90歳以上の方でも、正しい筋トレが筋肉量を増やし、筋力を上げる事が可能だという事で、特に高齢者は加齢によって抗重力筋の筋力低下、筋肉量の減少が見られます。

抗重力筋とは、地球の重力に負けないように体を支える筋肉で、主な抗重力筋は、僧帽筋・脊柱起立筋・腹直筋・腸腰筋・大殿筋・大腿四頭筋・下腿三頭筋などです。年を取ると姿勢が悪くなり、足元がおぼつかなくなってきますが、これは抗重力筋の弱化が原因です。抗重力筋の弱化は転倒・下肢骨折の要因となります。そのために、体幹筋・膝伸筋群（太ももの筋肉）・臀筋群などを刺激する継続的な運動が有効であり、筋肉を強く大きくする事が有効とされます。

（いわゆるスクワット）個別の筋肉の筋力トレーニングに加えて、活動的な生活を送り、鍛えた筋肉を使い続ける事も重要です。

また、シニア層の方に多いのが睡眠の問題です。「よく寝られなくなった」と聞く事が多いのですが、良い睡眠には、心身の疲労を回復する効果や、生活習慣病を予防する効果があります。不眠状態が肥満や高血圧、耐糖能異常等のリスクが高くなります。そして、十分な睡眠は、老化防止に効果的であるようで。その理由が、成長ホルモンです。成長ホルモンは眠っている間に分泌量が増え、子供の成長に必要なホルモンです。

成長期の子供はたいてい、一旦寝てしまうと、爆睡してしまいます。それが一つの証明なのかも知れません。また、成人にとっての成長ホルモンは、骨や筋肉を作る働きを持っており、老化を防ぎ、若々しく健康な体を維持するために、成長ホルモンが必要不可欠です。実際、夜、よく眠れない、早起きしてしまうという方も僕のお客様には多いのですが、なぜか、ダイビングツアーに参加すると、昼のダイビング、そしてその後の地元の美味しいお食事やお酒を召し上がると、皆さん爆睡してしまい、起床時間になってもまだぐっすりとお休みになっている方がほとんどです。

また、筋肉をつけるためには、特にたんぱく質の摂取が重要です。たんぱく質は摂取すると体内でアミノ酸に分解されて取り込まれ、筋肉の原料になります。筋トレと合わせてたんぱく質を摂取する事で、筋肉量を増やす事ができます。たんぱく質と聞くと、シニア層には肉・卵・納豆・豆腐などですが、日本人の食事摂取基準によると、一般の人が必要とするたんぱく質の量は体重1キロあたり0・8グラムですが、ミッドの100トレメンバーには1キロあたり1グラムと指導しています。50キロの人は50グラム、卵1個が約7グラムなので70キロの人なら卵10個という事です。

いくらたんぱく質の摂取が必要とは言え、ステーキばかり食べても今度は脂質を摂り過ぎてしまうので最近は手軽なアスリート

高齢者ほど積極的にたんぱく質を摂ろう！

が飲むプロテインをお勧めしています。２００ｃｃの水に溶かして約20グラムのたんぱく質がとれカロリーは約１００キロカロリー程度になります。摂取したたんぱく質が実際に身体作りに利用される割合が意外と低かったりする事もあります。ですから、摂取してから、体内で吸収されやすいプロテイン等のサプリメントを利用する事も一つの方法です。僕のお客様には80代のダイバーが何人かいらっしゃいますが、ダイビングをするために日々のトレーニングは欠かしませんし、食生活にも非常に気を遣い、ダイビングのための筋力を維持するために、トレーニング後はプロテインを必ず飲まれています。こうした事が、体の衰えを防止

100トレ後の皆でプロテイン

しながら、筋力を維持しているのです。

# 第四章

# シニアダイバーをサポートする
# 効率的なノウハウについて

## 第一節　シニアダイバーのサポートは信頼関係が築けて成り立つ

まず考えねばならない事として、ダイビングに限らず**高齢者のスポーツは桁外れに危険だという事です**。65歳以上死亡率が１番高いスポーツは１位ゲートボール、２位ゴルフ、３位ランニング、４位登山だそうです。日頃の体調管理や持病のケアをきちんとし、信頼出来る指導者の下で無理のない範囲で楽しむ事が大切です。

残念ながらダイビング事故も数は少ないものの毎年40件くらい発生しており、年齢層別の事故者数では、40歳代と60歳代が最も多く、40歳代以上の中高年で75％と、事故者の４分の３を占めています。ダイビングも日頃の体調管理や持病のケアをきちんとし、信頼出来るインストラクターと潜る事が大切です。

通常のテニスやゴルフとは異なり、ダイビング中に事故を起こすと重大な事故になってしまう事を忘れてはなりません。ある意味、ダイビング中、ダイバー（年齢に関わらず）はインストラクターに命を預けてやっているという認識がなくてはなりません。逆に言えば、インストラクターとお客様の間には元々信頼関係が築けていなければダイビングそのものが成り立たなくなるというのが根底にあります。

そもそもダイビング未経験者がダイビング入門コース「オープン・ウォーター・ダイバーコース」を修了し、ダイビングライセンスを取得したという事は潜水計画・トラブル回避法など、ダイビングを安全に楽しむための知識と基礎的なスキルを身につけ、ダイビング中は自分の事は自己責任で行わねばならないという事を認識していなければなりません。

本来ファンダイビング（ライセンス取得後の水中ツアー）のダイビングインストラクターの役目というのは水中をガイドする事であって、お客様の水中での安全確保はインストラクターの仕事ではないとしているショップもあります。なぜなら、オープンウォーターのライセンスは水中18メートルまでの潜降が可能であって、水中では自己責任でレスキュー等は自分で出来る事を証明しているライセンスだと現地サービスでは約束を求められる事が通常なのです。

しかし、低体力のシニアダイバーの場合、もし、水中で迷子になってしまったら、かなりの高確率で最悪の事故につながりかねないのです。ですから、僕たちのスタンスとして、オープンウォーターのライセンスを取得はしていたとしても、たとえば、器材を背負ったりと自分で出来る事は自分でするのは良いのですが、何らかの拍子に関節を痛めたりと体の一部にダメージを受けてダイバー人生を短くするような事があるなら、それを減らすお手伝いをしていくべきであるというのが僕達の考えです。

ですからシニアダイバーをサポートする為には、その時々のダイビングだけではなく、ダイビング人生をより長く継続する為のトレーニング等も含めて信頼関係が築けている事が大前提なのです。たしかにシニアダイバーへのサービスが僕たちの売りではありますが、時にはお断りするケースもあります。それは全く体に疾患のない方であっても、僕達が一緒にダイビングを行う上で最低限のルールを守って頂けない場合はお断りせざるを得ません。

ここで言うルールとは、まず健康診断書をしっかり提出して頂く事、初めて一緒に潜る場合はプールなどでスキルチェックをさせて頂く事、アップデートを毎年行う事、ランクアップしたライセンスがあってもその方の体力、スキル、にあった海で楽しんでもらう、自分の器材でスキル練習を繰り返し行う事などです。僕達インストラクターもダイビング中は命がけでお客様を守る覚悟で一緒に潜っていますので、お客様にも「真剣に遊ぶ覚悟」があるかと言う事で判断させて頂いております。

というのも、仮にそうした事をせずにご一緒して、御本人に何らかの事故があった場合、御本人はもちろん、ご家族や身の回りの方に迷惑をかけてしまう事につながります。ですからそうしたご説明をさせて頂いた上で、「そんな事をやらなくても大丈夫」とお考えになる方とは最初から信頼関係は築けないと判断しておりますし、仮にお付き合いをしてしまって、後に大きなトラブルが発生してしまうのはお互いにとって不幸な事と考えているからです。

ここ数年当店に新しく来られたシニアのお客様は、年齢的に他店で断られ続けて当店にたどりついたという方が非常に多く、「とにかくダイビングがしたい」「ではそのためにはどうする事が一番良いのか」という事をしっかりとお考えになられて、僕達のルールをしっかりと遵守されているからこそ信頼関係が築けています。もちろん、こうしたルールばかりではなく、ダイビングをするのであれば、それなりに体力作りも必要です。ですから、僕達のトレーニング等の提案に対して聞き耳を持ってくれるような方であるという事も必要なのです。また、実際にトレーニングに定期的に来て頂ける方ですと、僕達もお客様の健康状態を把握できますので、それは安心につながりますし、お互いの信頼関係にもつながっていきます。

もちろん、遠方にお住まいの方でトレーニングに来て頂く事が難しい方でも、僕達からの提案についてしっかりとご理解頂けている方だからこそ安心なのです。そうした方々ばかりですから、今まで事故もなくダイビングを行う事が出来ています。とは言え、当然の事ながら、いかに安全なダイビングを心がけていたとしても自然相手のスポーツである以上、事故は起こり得るものなのです。だからこそ万が一の事を考えれば、信頼関係が築けていない方とのお付き合いは極力避けるべきだと思っています。

## 第二節　シニア世代をやる気にさせるテクニック

シニア世代で僕が思うよくある問題は、面倒くさい・自信ないなど気力や自信の喪失です。ダイビングでは「行くまでがつらい・面倒くさい」という事です。実際に「行ってしまえば楽しい」というような感じなのです。やはり年齢と共にどうしても出不精になりがちです。天気が悪い、どこかが痛い、寒い…と出かけたくない理由を探してしまうものです。

これはどんなに元気なミッドサマーのシニアメンバーでも、ダイビングやトレーニング。行けば楽しいのはわかっているのに《行くまでの準備が面倒くさい、家を一歩出るまでが億劫》と言う声を良く聞きます。体力面でも精神面でも自分に自信が無くなってくる事もあるのだろうと思います。しかし、僕達としてみれば、とにかくシニアの方に出来る限り長期に渡って現役を続けて欲しいという願いがあるのです。

そして、僕達のお客様も「ダイビング」と言う「生きがい」を続けたい一心で、日々の健康管理やトレーニングを行っています。なぜなら、「ダイビング」をする事で「ウミガメがみたい」「マンタに会いたい」という非日常を体験すると同時に、老若男女色々な人と出会い、一緒に楽しむ事が出来るのを知っているからです。

しかし、基本的にシニアはシニアです。ダイビングをしない同年齢の方々と一緒で、時に体調不良を訴えモチベーションが下がり、気持ちが落ち込む事があるのも当然です。ですから、そうした時はこちらから声かけをして少しでも元気づけるようなサポ

笑顔が一番の健康法！

ートがとても大切です。　僕達はそんな時、「今日はつらいのかな」と必ず相手の気持ちに寄り添うようにしておりますし、「大丈夫だよ」の一言でお客様に安心を与えるようにしています。

　トレーニングをするつもりで来店しても、結局やる気が全く起こらなくて、何もしなかったというお客様もいらっしゃいます。でも、それで良いのです。来店していただければ、僕達も、お客様の顔を見ればその日の健康状態は把握できますし、単におしゃべりをしているだけでも、「他人と話ができた」と満足してお帰りになっていますので、それはそれで心を満たしてあげる事ができたと理解しています。とにかく見守

元気の素は海にある！

る姿勢、優しく声がけする姿勢を大切に考えています。

逆に、「頑張れ」「こうしたら良いよ」と言った声かけは相手に共感する言葉ではありません。お客様は「話を聞いて欲しい」「共感して欲しい」と感じているわけですから、自分が話すのではなく、聞き役に徹する事が重要です。

イップストレーナーでもある僕はメンタル強化の知識も多少あるのですが、ミッドサマーにとってトレーナーでもダイビングインストラクターでもないおしゃべり好きな妻のまゆみが一番の心のトレーナーなのかも知れません。

## 第三節　ダイビングインストラクターがトレーナーである強み！

どんなスポーツを行うにしても一緒ですが、各スポーツによって、鍛えなければならない体の部位は異なります。たとえば野球のトレーナーは各選手が野球を行うためのコンディションを整えるためにあらゆる面からサポートするわけで野球には野球専門のトレーナーが存在します。つまり、各スポーツがそれぞれのスポーツに特化したトレーニングをしなければならないわけで、それはダイビングも一緒です。トレーニングを行う際に考えるべき事としてパフォーマンスピラミッドという考え方があります。

まずは「基礎体力」をつけ、その上でそれぞれのスポーツで必要な「専門的体力」を養い、さらにそれぞれのスポーツに特化した「技術」を磨きます。

詳しく説明すると、「基礎体力」が最も基礎的な事であり、ここで関節の可動性や安定性、など身体を動かすための基礎的な部分を強化します。つまり「筋肉量を増やす」「スタミナつける」「持久力を上げる」「柔軟性を上げる」「スピードつける」といった事で主に直線的な動きのトレーニングになります。
「専門的体力」は基礎体力でつけた体力、柔軟性、持久力、スピードを専門的な動きに変化させるトレーニングなのでその動作の特性を理解している指導者でなくてはなりません。つまり、各スポーツによってそれぞれ独特の動作を行うために、そのスポーツの特性に沿ったトレーニングを行う事が必要です。

ミッドサマーのシニアダイバーの皆さんはダイビングの時に最高のパフォーマンスを出す、つまり、安全に楽しむために日頃から身体を鍛え、ツアーに向けてコンディショニングを整えているわけです。プロアスリートもシニアダイバーも負荷や可動範

タンクを背負ってスクワット

囲が異なるだけで、基礎となるトレーニングはほぼ一緒なのです。

またトレーニングには原理・原則がありその中でSAID【特性】の原則がありますす。（SAIDとは〝Specific Adaptation to Imposed Demands〟の頭文字を取ったもので、『身体は課された要求に対して特異的に適応する』という原則です。）わかりやすく説明すると〝人間のからだはやった事にしか反応しない〟という事で、たとえば、サッカーの練習をしても野球は上手にならないという事と一緒です。ですからダイビングの特異性を考えたトレーニングが必要なのです。

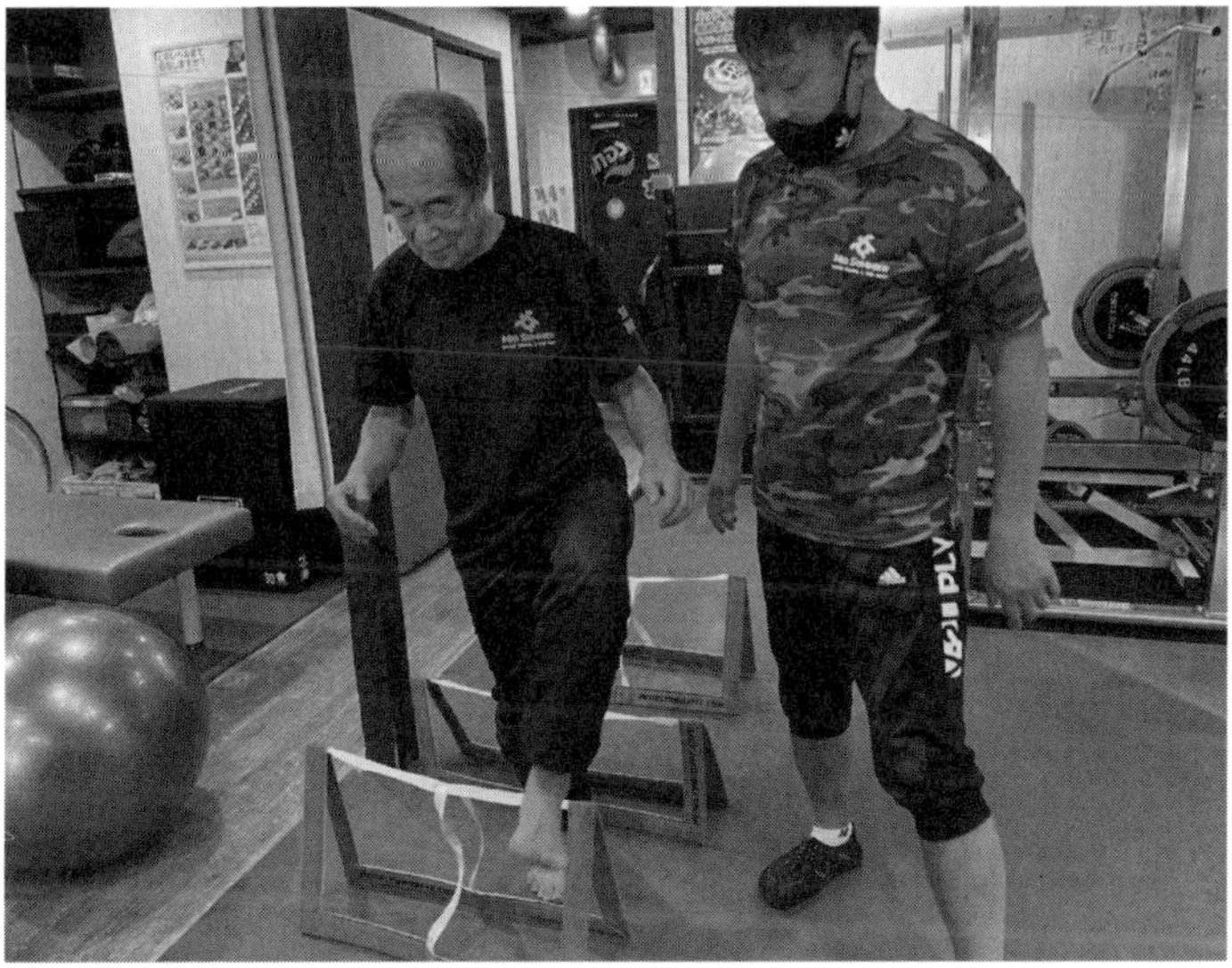

ビーチダイビングをイメージしてトレーニング

# 第五章

# ダイビングインストラクターとしての心構え

# 第一節　インストラクターの使命とは

地球上の70％が海！　だからダイバーになれば無限の楽しみが広がり、ダイビングインストラクターは地球上の7割が仕事のフィールドになると言っても過言ではありません。それに、健康でさえあれば！　歳を重ねていく事は楽しみが広がり幸せになる事ができます。

## Well Aging！

とは言え、この超高齢化時代。テレビを見れば毎日暗いニュースばかりで気持ちが落ち込みやすい事も事実です。だからこそ、自分の身の回りを良く見て、その何気ない日常の中に小さな喜び、楽しみ、可能性、そこには大きな幸せがいっぱいある事にも気づいて欲しいのです。そしてこの超高齢化時代を楽しく明るく活気あるものにしていくのは僕ら世代の大切な使命だと思っています。

ただ、残念ながらダイビング業界を見てもまだまだ高齢者をサポートするだけの体制が整っていないのが現状です。だからこそ、僕はもっとシニアダイバーが安心してダイビングに臨める様に、シニアダイバーをサポート出来るインストラクターを育てていきたいとも思っています。

では僕らインストラクターはどのようにシニア世代と向き合い、どのようなサポートをして、またそのためにはどのような努力をすれば良いのでしょうか。

それは僕らインストラクターもこの超高齢化社会をもっと理解し勉強し、そしてシニアダイバーの落ちた体力をカバーするために体力を鍛錬する事も絶対大事であると考えています。ダイビングインストラクターも運動指導者である事を忘れてはなりません。僕はシニア担当のダイビングインストラクターの鍛錬度は年齢に関係なくトレーニングで言えばベンチプレス、デッドリフト、スクワット：自体重×2回。ダイビングの泳力なら、適正ウエイトを付けて＋5Kgの重りを持って3分立ち泳ぎが出来る事が、最低レベルだと考えています。

実際のところ、インストラクターと言う資格や肩書は講習費を払って受講し、ある程度勉強すれば、誰でも取得する事は可能です。しかし、シニアダイバーをサポートするためにはその肩書だけでは十分ではありません。シニアダイバーの衰えてしまった体力を僕らがカバー出来るように鍛錬し、学び続ける事も大事です。それができないとシニアダイバーの安全は確保できません。シニアダイバーを引率する以上は、それだけの体力と覚悟が必要だと考えます。またシニアダイバーをサポートしようとするなら、海だけ、その日だけをサポートするのでは限界があるのです。

僕のショップでは、日ごろから100トレで皆さんの体調を管理し、健康を維持し、毎週の様にコミュニケーションを取る事でお客様の顔を見れば、心と身体の健康状態がある程度把握が可能なくらいの、信頼関係を築いています。その日頃からの信頼関

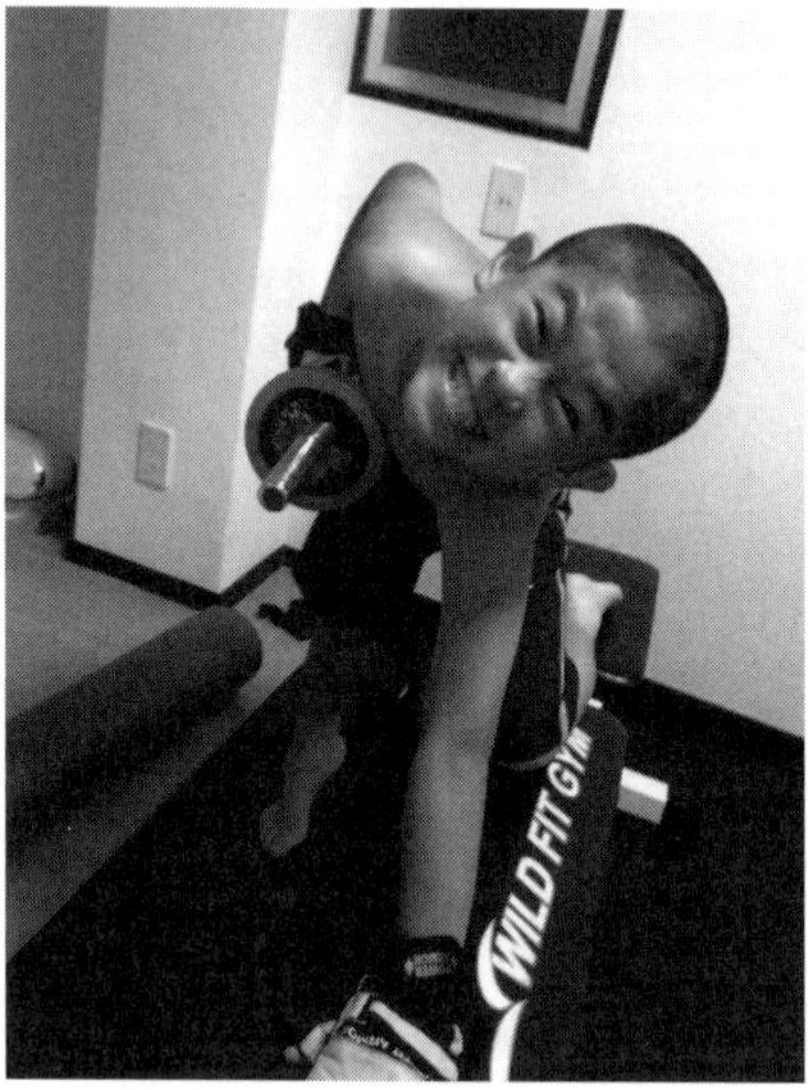

僕らの使命は100歳現役ダイバー！

係、安心感がシニアダイバーをサポートしていく上で非常に重要な事だと考えています。具体的なトレーニング方法は後述しますが、ダイビングは他のスポーツに比べて事故の少ないスポーツと言われています。しかし、ダイビングは自然相手のスポーツである以上、リスク0にはなりません。その上、海中という人間の呼吸ができない場所での事故は死に直結する可能性が高いのです。だからこそ、インストラクターは可能な限り、ダイビング中のリスクを回避出来るよう常にあらゆる面からの万全の対策を整える必要があります。

これは確かに大変なサポートです。ある意味覚悟が必要です。でも70代や80代の皆さんのワクワクしている姿、笑顔で喜んで頂けている姿を見ていると、生涯現役で楽しんで欲しいと思いますし、これは僕達にしか出来ないやりがいのある仕事だと思えるのです。

## 第二節　ダイビング中に起こり得るリスクのメカニズム

人間は海中では呼吸できません。10ｍ潜るごとに1気圧増えていきます。気圧とは空気や水の重さによって生じる圧力の事です。語弊はありますがものすごく簡単にたとえると空気の重さと海水10ｍ分の重さは一緒という事です。

そして当然、ダイビング中には空気は器材を使わないと吸う事ができません。そしてほぼ無重力状態になります。大げさに言えば宇宙旅行をしているのと一緒で、宇宙で病気や怪我になったら大変です。それと同じで海中で怪我をしたり体調が悪くなったりしたら大変です。

10ｍ潜ると実際にダイバーにかかる気圧は普段陸上でかかっている空気の重さ（大気圧）＋海水10ｍ分の重さ（水圧）1気圧で2気圧かかります。当然20ｍ潜れば3気圧、30ｍなら4気圧がかかり、気圧と共にリスクも2倍3倍になると考えるべきです。

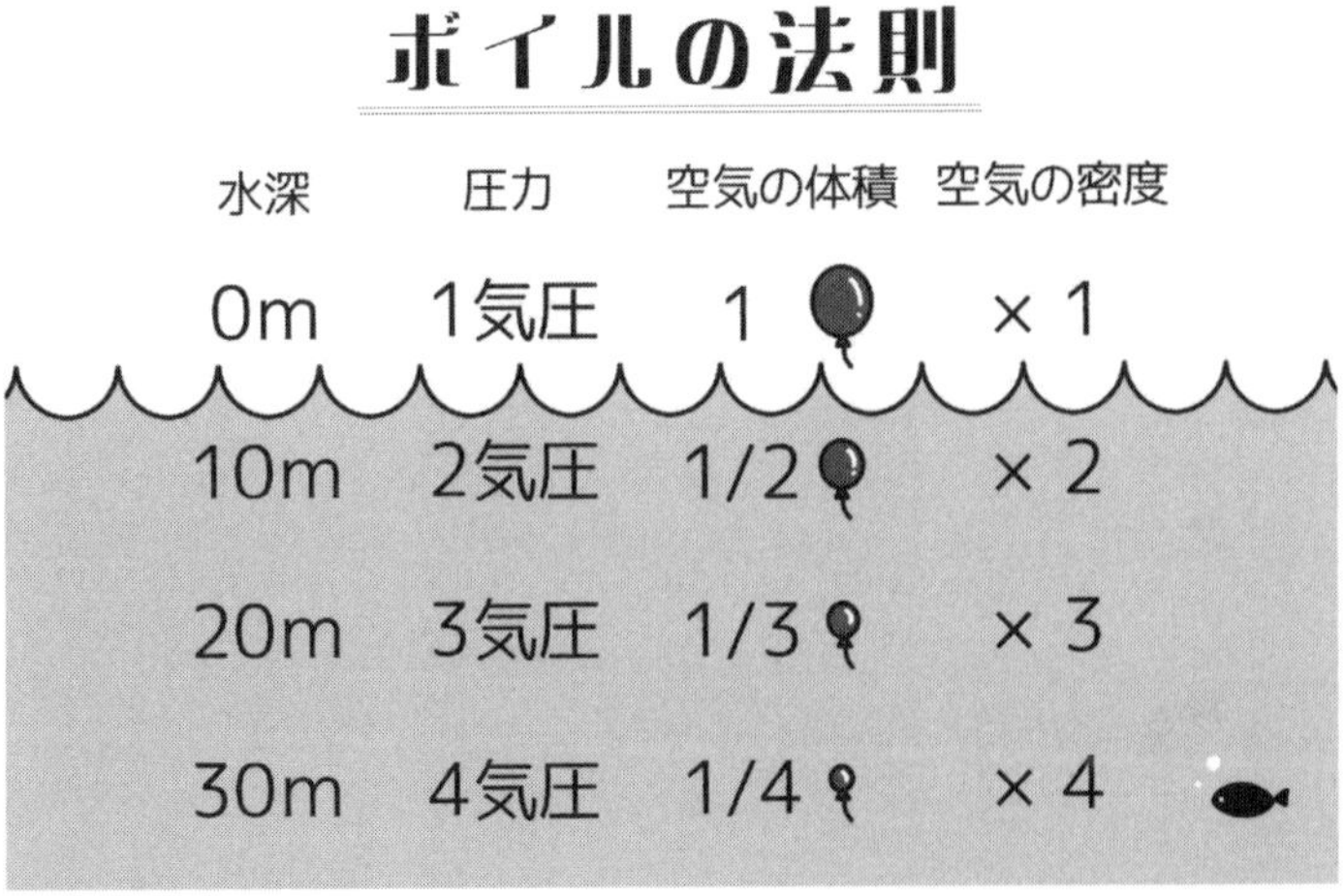
ボイルの法則
水深
圧力
空気の体積
空気の密度
0m
1気圧
1
×1
10m
2気圧
1/2
×2
20m
3気圧
1/3
×3
30m
4気圧
1/4
×4

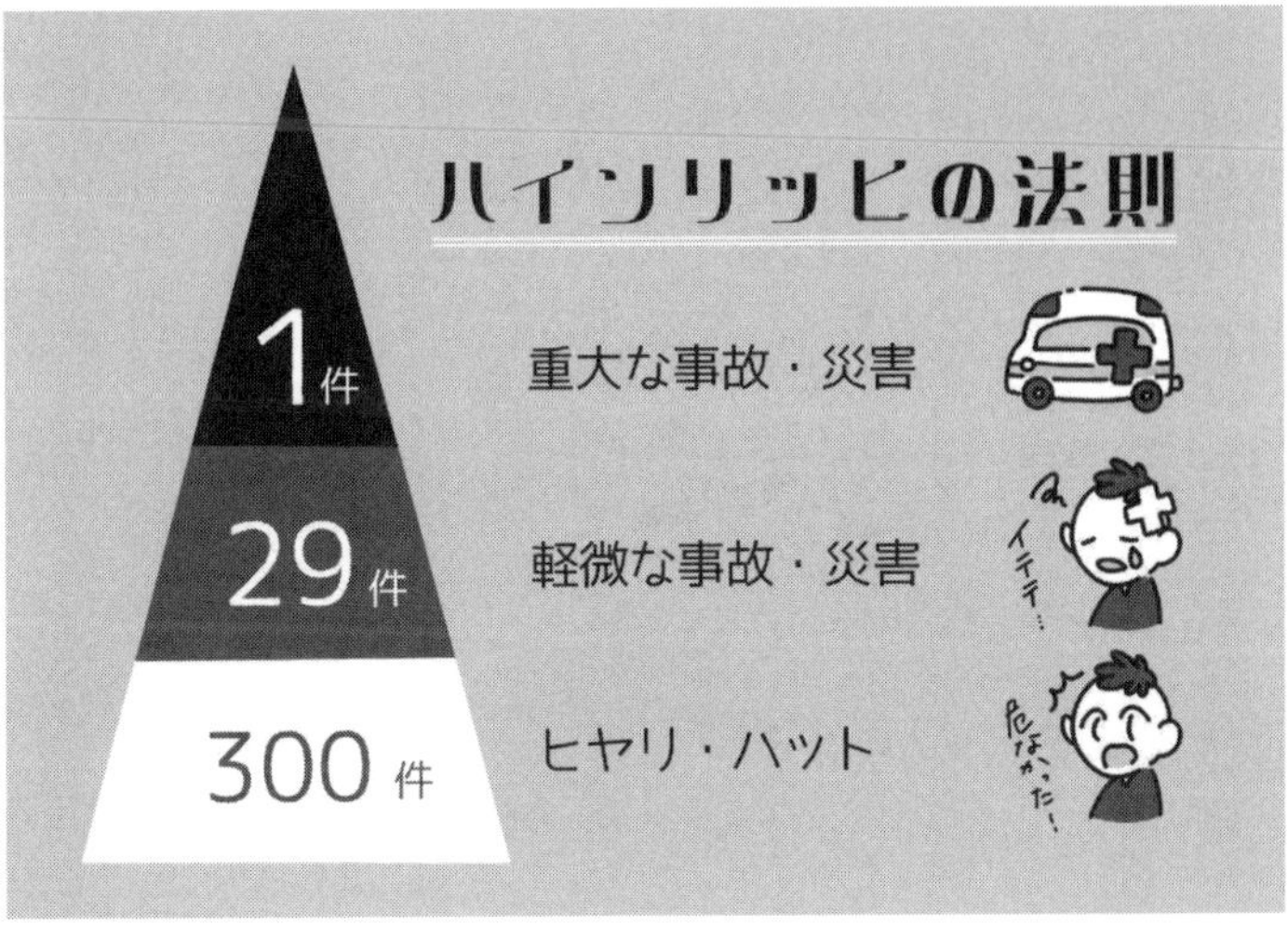
ハインリッヒの法則
1件
重大な事故・災害
29件
軽微な事故・災害
イテテ…
300件
ヒヤリ・ハット
危なかった…

だから信頼出来る仲間と信頼出来る器材で潜ってダイビングスキルもしっかり出来るようにしておかなければなりません。しかし、一番怖いのは「うっかりミス」なのです。いわゆる「ヒヤリハット」と言われる状況なのですが、これが最も大きな事故につながる発端である事を忘れてはなりません。

この「ヒヤリハット」というのはハインリッヒの法則によって事故確率が計算されています。元々、この「ハインリッヒの法則」というものは、元々労働災害の分野で使われているものなのですが、事故寸前（いわゆるヒヤリハット）の状態のものが３００件あるとすると、そこには重大事故に至らなかった29件の軽微な事故が隠れており、さらに1件の重大事故が起こるとされているもので、当然の事ながらダイビングにもつながるものなのです。ダイビングにおけるヒヤリハットは無数にありますが、たとえば、「器材故障」「突然の体調不良」「海水誤飲」「マスクが曇る」「耳抜きトラブル」その他諸々あると思います。

正直、そうした状況に陥っても慌てず条件反射で対応できれば良いのですが、それができない事によってダイバーにはストレスが出現します。そのストレスによって、通常以上の体内のエネルギーを費やす事が始まります。エネルギーが大量に必要となると、今度は、呼吸、心拍数の増加につながり、元々のストレスと重なる事によって不安を引き起こす事になります。これが心理・呼吸サイクルと呼ばれるもので、このサイクルが一定の度を越えるとハイパーベンチレーション（強いストレスを受けた時に、自らの意識とは関係なく浅く速い呼吸になってしまう現象＝過呼吸）を起こしてしまいます。そうするとダイバーは窒息するのではないかと錯覚し、パニックにつながってしまい適切な判断ができなくなり、たとえば危険な急浮上をしてしまうという結果につながるのです。

しかも、こうしたパニックを起こす発端となるのが、ヒヤリハットであって、たとえば、「マスクが曇る」といった軽微なトラブルでも、「マスククリア」を冷静に行うという事ができれば未然に事故を防ぐ事が出来るのです。間違いなくシニアダイバーの場合はトラブル対処に失敗した場合死に直結します。

僕も今までのツアーの中で、参加者の方の「ダイビング中に足が攣る」また、「潜降中に水を飲み咽る」といった事例があり、なんとか浮上させましたが、その時の事を考えただけでぞっ！

とします。

今ここまで説明したヒヤリハットはうっかりミス、注意力散漫などの油断から起こるもので防ごうと思えば防げるものですが、最近のダイビングにおいて体調面で起こるダイビング事故として多くなっているのが浸漬性肺水腫（しんしせいはいすいしゅ）です。今まで器材トラブル、エアー切れ、溺れなどと言われたものも実は肺水腫が原因ではと最近疑われているにもかかわらず、まだ、認知度が低い疾患です。

浸漬性肺水腫とは、ダイビング中に酸素が足りなくなって呼吸困難を引き起こすもので、なぜ発症するのかというと、人は水に浸かると手足の血液が体の中心に集まり〝うっ血〟を起こす（肺にむくみがでる）特性を持っており、そうすると肺からうまく酸素を取り組む事ができなくなり呼吸がしづらく感じて発症する病気です。呼吸は速くなるのが特徴でシリンダーの空気消費は多くなり、すぐ空になる事があります。

特に、ダイビングを終了するために浮上している時には酸素分圧が低くなるために、突然苦

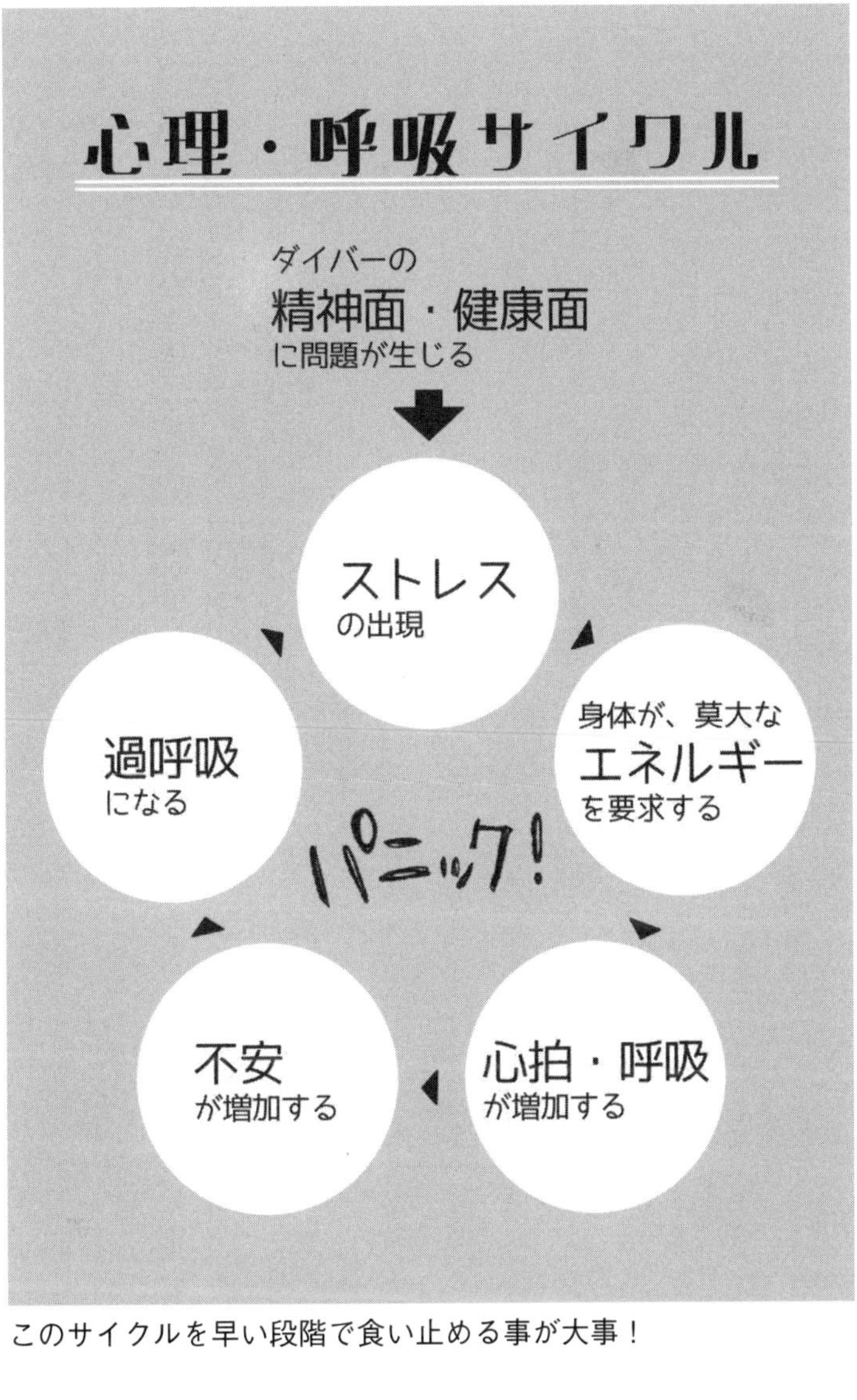


このサイクルを早い段階で食い止める事が大事！

しくなり、意識を失う事があります。この浸漬性肺水腫はダイビング中のみならず、スノーケルや水泳においても心疾患や高血圧などの疾患がある人に起こりやすいと言われています。だからこそ、健康診断結果に真摯に向き合う事、日頃から健康的な生活を心がける事が重要と言えるでしょう。通常の日常（陸上）生活では呼吸の異常に気がつかないで、水の中に入ってはじめて気づく方も多いようです。暫くぶりのダイビングでエントリー後、呼吸がいつもより極端に速いなどの違和感を感じたらその日のダイビングをやめる勇気が必要です。そんな時は潜水医学の専門の先生に相談される事をお勧めします。

いつもと違う何かを感じたらインストラクターに相談出来る信頼関係を築く事が大切であり、インストラクターもまた水中でのお客様の変化にいち早く気づける様な目配りと、もし体調不良を起こした時の的確な対応を日頃から学び考えておかなくてはなりません。

「体調が悪い」のハンドシグナルは、手のひらを自分の方に向けて、頭と胴体まで楕円形を描きます。

そしてダイバーの方に是非覚えておいて欲しい事は、水中で気分が悪くなった時は迷わずこのサインをインストラクターにしっかり送りましょう！

## 第三節　シニアが事故を起こさないようにするために必ず行う事

どんなショップも同様なのですが、ダイビング前に配られる健康チェックシートには正確に申告する事は当然の事です。しかし、多くのショップがそうした自己申告のみでダイビングをはじめてしまうというケースがほとんどです。なぜならば、ダイビングを行う際、指導団体の発行しているライセンスで、初級のオープンウォーターと言われているものでも、

・器材のセットの仕方
・スキューバダイビングの潜水計画

・水中での呼吸の仕方
・中性浮力のとり方
・よくあるトラブルの対処方法　など

という事で、何か水中でトラブルがあっても自己責任で対処出来るという事が大前提のために、何かが起こってもショップは免責となってしまう事が多いのです。ですから、実際、普段の体調とは少し異変があっても無理してダイビングをしてしまうという人が、ある程度の経験を積んで自信をもったダイバーには多いのかも知れません。しかし、それが先程のリスクが起こった時にパニックに陥ってしまうという大きな原因になります。

だからこそ、シニアがダイビングを行う前のチェックは普段の何倍も厳しいものにしないといけないと思っています。健康チェックシートの申告はもちろんですが、私が作った「ダイビング前チェック基準」も併せて確認する事をお勧めします。

まずはいつもと違うチェックを。

# シニアダイビング前チェック基準

（個人差による）2023

① 「いつもと違う」チェックをする。
＊快食と快便（定期的なリズム）
＊体温が平温・血圧が通常よりも高くない（血圧150/90）
＊痺れや浮腫、倦怠感（だるい。。）
＊過剰な動悸、不安感

② 十分な睡眠時間を摂取する。（5～10時間）

③ 一日に体重Kgにつき20gの水分を摂取する。
＊湿度の高い時や発汗が多いときは注意。（夏のダイビング）
＊気温に関係なく水分を摂取すること。
（但し水分摂り過ぎもよくない）

④ 自分の器材になれる。
（基礎スキルは条件反射で！）

⑤ 早い潜水反射を促す為にEN数分前に冷たい水で口を濯いだり、目の周りにかけたりして、動悸の状態を観察する。

⑥ 準備体操で身体的・心理的準備を促す。

⑦ ダイビングを中止する勇気を持ちましょう！
（水面で息苦しくないですか？潜降直後息苦しくないですか？いつもより残圧減りが速くないですか？）

⑧ 目標と目的を明確にする。
目標までの短期と長期の計画設定。

**私たちの目標は、100歳現役ダイバーです!!**

DIVING TEAM
MID SUMMER
SINCE 2003
WWW.MIDSUMMER.JP

ダイビングに限らず日常生活で事故やトラブルにあってしまう時はいつもと違う事が多いのです。ダイビング当日の健康状態として、定期的なリズムで快食と快便がなされているかと言った事や体温が平熱であり、「血圧が通常よりも高くないか」「痺れやむくみ、倦怠感が無いか」また「過剰な動悸や当日にダイビングする事に不安感が無いか」と言った事です。もちろん、これらは個人差がありますので、ミッドサマーでは一見様の参加の受付は行っていません。ダイビング当日ばかりでなく、100トレで定期的に来店していただけているメンバーが多数なので、一人ひとりの普段の生活パターンや体調はかなり把握出来ていますので、当日、すこしでも顔色が良くないといった事があれば、ダイビングを見送って頂くようにしています。

同時に、十分な睡眠時間が取れているか、一日に体重1キロにつき20グラムの水分の摂取（たとえば、40Kgの方なら800グラム（つまり、800cc））をお願いしています。特に夏のダイビングのように湿度が高く発汗の多い時は要注意としています。ただご高齢の方は喉の渇きなどを感じにくくなっておりますので、こちらから水分を飲むようにこまめに勧める様にしています。また基礎スキルは条件反射で対応出来るように、自分の器材に慣れ、早い潜水反射を促すために、海へ飛び込む前に一気にドボンと海に飛び込ませるのではなく顔に海水をかけたりして身体を慣らしてからエントリー（入水）させる事や、必ず、準備体操をする事で身体的・心理的準備を促します。

また、最も大切な事として、今回のダイビングの目標と目的、そして万が一の事が起こった時にはどのように対処するかをインストラクターとダイバーが情報を明確に共有する事でリスク回避に努める事が重要と言えるでしょう。

# 第六章

# 100歳現役ダイバーを目指し、健康寿命を伸ばすための100トレのノウハウとは

## 第一節　１００トレ誕生のキッカケ

ここまでの文にも何度か出てきた《１００トレ》ですが、いきなり１００トレとお聞きになっても、何の事かほとんどの方が理解不能である事は間違いないでしょう。「トレ」が「トレーニング」である事はご想像がつくと思いますが、その前の１００が何を意味するのか、おそらく多くの方が、１００種類のトレーニングと思われるかと思います。実は、この１００トレの本当の意味は、１００歳までダイビングを続けるためのトレーニングという意味なのです。

そして、これが誕生するキッカケとなったのが、とある、ご夫婦のシニアダイバーとの出会いでした。このご夫婦とは家族ぐるみのお付き合いをしていたのですが、そのご主人が76歳の時に肺がんを患い、最期を迎える事になってしまいました。最後のダイビングは２０１０年６月粟国島だったのですが、その時に変な咳が出ると言われていて病院で検査を受けたところ、すぐに肺がんとわかり治療をする事になったのです。抗がん剤治療を選択したのですが、その副作用で血糖値が上がってしまい、1日1400カロリーくらいの厳しい食事制限を課せられていました。

人気ラーメン店のラーメン二郎の小ラーメン1杯が1400カロリーです。「日本人の食事摂取基準」(2020年版)65~74歳のふつうの活動量の男性では2400kcal、女性では1850kcalが目安です。

その結果、気力や体力が無くなってしまう事で、筋力も無くなる事につながります。そして寝たきりとなって、免疫力が下がり、感染症(風邪)を引き起こして最期には肺炎で亡くなるという結末でした。定期的にお会いさせて頂き、それこそ亡くなる前日まで、お会いしていましたから、人はどのように弱って死を迎えるのかという事を目の当たりにしたのです。

そして、それはいつまでも元気にダイビングをするためにはどうすればよいか勉強させてくれたのだと強く思い、100トレ(100歳現役ダイバーでいるためのトレーニング)を本格的に指導する事にしたのです。もちろん、そこにノウハウもなければマニュアルもありません。

最初は見様見真似と現役ラグビー選手時代の知識をミックスして試行錯誤していました。しかし、いよいよそれにも限界を感じ、ミッドサマー開業前に、熱海でお世話になった社長、(現在トップアスリートから高齢者まで年間1500名のコンデシショニング指導をするトップトレーナー「運動で健康になる人、老ける人」の著者 八代直也氏)を尋ねて色々なアドバイスを頂きました。また、パーソナルトレーニングを直接受けたり、アドバイス頂いたり「高齢者体力つくり支援士」、「ホリスティックコンディショニング協会」で色々勉強もしてきましたし、信頼出来るスタッフとの出会いもあり、現在に至ります。

100トレといっても単にトレーニングをさせてシニアの方がダイビングをする事が出来る体力作りをする事だけではありません。高齢者の健康・体力作りに対する指導法・支援法を用いて、健康作りや人生を豊かにする事を目的に、運動を通じて専門的にサポートする事が100トレの目的です。

高齢になると、社会活動から遠ざかってしまうので、日中の活動量が低下するため、必要な睡眠量が少なくなります。しかし、普段睡眠に悩んでいらっしゃるシニアの方々も、ダイビングツアーに行くと青い海に潜って泳いで潮風に当たりながら紫外線を浴びて仲間とワイワイおしゃべりする事で、体力も使いますし、ストレス発散にもなります。ですから、皆さん夜になるとぐっすりと寝てしまいますし、朝は起こさないといつまでも寝ているという事を考えれば、シニアの方の睡眠不足の解消方法は実証出来るのです。

また、どんなに良いトレーニングをしてもよい睡眠がなく脳がストレスを感じていると副腎皮質からストレスホルモンと呼ばれている「コルチゾール」が分泌され筋肉を分解していくため、筋肉はつきませんし、慢性的にコルチゾールが分泌し続けてしまうとうつ病やさらに不眠になって生活習慣病になります。

もちろん、生活習慣病ばかりにダイビング＆１００トレが有効というわけではありません。ダイビングを行う人なら、すでにご存知の事ですが、ダイビングの病歴書に「糖尿病である、またはなった事がある」という項目が必ずあります。しかしながら、実際にインストラクターも含め糖尿病について、その病名は知っているが、具体的にどんな症状を発するのかよくわからない人が多いようですので簡単にダイビングインストラクター・運動指導者の目線でご説明します。

健康診断結果でHbA1c「ヘモグロビンA1C（HbA1c）」という項目を見た事がある方も多いと思います。これは赤血球の一種であるヘモグロビンと糖が結合したもので約2か月間平均的な血糖の状態を表しています。糖尿病とは血糖値（血液中に含まれるブドウ糖）が慢性的に高くなる病気で根本的原因は膵臓の疲れです。私たちは食事をすると血糖値が上がります。すると膵臓から「インスリン」と呼ばれるホルモンが分泌され、そのインスリンの働きによって血液中の糖が細胞に取り込まれエネルギーに変換され、その結果血糖値が下がります。

そのため、暴飲暴食を繰り返す事によって膵臓が疲れ切ってしまいインスリンの分泌が減ったり、インスリンの働きが悪くなって、エネルギーに変換されず血糖値が高い状態が続く事になります。この状態が長く続くと全身の血管に障害が起きてしまいます。ですから飲み会やツアーの時はともかく、日常生活においては暴飲暴食を避け規則正しくバランスの良い食事を摂取する事と、適度な運動が必要とされます。

運動をする事によって血液中のブドウ糖を消費して血糖値を下げてくれます。そして肥満を解消し、筋肉などでのインスリンの働きを高め、血液循環を盛んにして血管の老化を防ぐなどの効果があります。運動内容は筋トレでもウォーキングでも良いのですが、全身の筋肉を使う方が糖の消費が増え、また筋肉量が多いほど糖の取り込み量も増えるので、まさにダイビング＆100トレが最強の予防＆改善法です。

そして7章でもご紹介しますがダイビング＆100トレで実際にがんに打ち勝って今でも元気はつらつなシニアダイバーがいらっしゃいます。最近、がん細胞は健康な体の人でも、毎日5000個くらい発生している事がわかっています。残念ながら完全にがんの予防方法は見つかってはいませんが、がん細胞が出来ると、その都度退治しているのが免疫細胞です。ですから、免疫力をアップしてストレスを発散する事ががんの抑制には効果的なのです。また、がん細胞は正常の細胞に比べて熱に弱いとされ、41度から44度で死滅すると言われています。ですから、100トレで体温を上げる事と南の島で太陽の下で海中を泳ぎまくる事が最高の予防法だと断言します。

## 第二節　１００トレ効果のメカニズム

ダイビングは、老若男女だれにでも楽しめるものではあるのですが、運動不足のままですとダイビング中に足がつったり、息が上がってエアーの消費量が増えてしまったりする事も起こりますし、ポイントによっては流れが強い場所もあるために、しっかり泳ぐ脚力や、岩に掴まりながら進むための握力や腕力も必要になります。また、心肺機能を高める事で、呼吸を安定させる事ができます。それ故に普段から最低限の筋トレは必要になります。

トレーニングは基本的にレジスタンストレーニングが中心になります。「レジスタンストレーニング」とは筋肉に負荷をかける動きを繰り返し行う運動です。運動する人の状態や目的によって自分の体重（自重）や、ダンベルなどで負荷量を調整して行う事ができます。筋肉に負荷をかける事によって、筋繊維が損傷しますが、損傷した部分が修復されると前より強くなるのです。

また筋肉を低酸素の状態にする事で速筋（筋肉は大きく分けて瞬発系の速筋と持久力系の遅筋があります。魚で言うとヒラメなど白身の魚は速筋・まぐろなど赤身の魚は遅筋です）が使われる事になり筋力が強くなります。そしてトレーニングで筋肉が疲労すると乳酸（疲労物質）がたまりますが、乳酸は蓄積量に応じて成長ホルモンを分泌させる事になるのです。この繰り返しによって筋肉を増大させて強くなります。

成長ホルモンは最強の若返りホルモンです。

しかし10代をピークに加齢とともに成長ホルモンの分泌は減っていってしまいますが、筋トレをすると成長ホルモンをいくつになっても分泌させる事ができます。しかし、それにはコツが必要です。

それはトレーニング時、**筋肉の張を感じるくらい鍛える事！** です。

筋肉に張りを感じるくらい鍛えるとその筋肉には血液と乳酸が溜まります。その乳酸に反応して脳下垂体から成長ホルモンが分泌されます。つまり筋肉に多くの乳酸をためればそれだけ多くの成長ホルモンが分泌せれます。

ですから無理は禁物ですが頑張れる時は「キツイ」と感じるくらい頑張って下さい。

また女性の方で筋肉ムキムキになるのではと心配される方がいますが、心配ご無用です。女性は筋肉を大きくするのに関与している男性ホルモンのテストステロンの量は男性の20分1くらいなので筋肉ムキムキにはなりません。筋膜が引き上げられるので引き締まった体になり魅力的&美人&素敵になります。

ミッドのパーソナルトレーニングでは時にはキツイトレーニングもします。時にはぶーぶー文句も言いながら頑張っています

ミッド80代姫たち

がミッドの80代姫たちが若く見られるのは100トレのおかげです。

また、本来トレーニングは週に2回がベストであり、その理由は筋肉疲労からの回復には48時間から72時間と言われていますが年齢や疲労度で回復時間は異なり特に高齢者は回復に時間がかかるのであくまでも目安で筋肉痛や疲労感が残っている時は勇気をもって休む事もトレーニングです。しかし、オーバーワークは避けるべきです。この休息によって筋力水準がトレーニング前よりも上昇するからで、トレーニングはやり過ぎでも休み過ぎてもうまく効果が出ないのです。

また、高齢者は運動不足だと年に1%ずつ筋肉は減ります。寝たきり2日間で1%、無重力状態ですと1日で1%減少します。言い換えれば体重50kgの方ならペットボトル1本分が減少する計算になります。筋トレはその減少にストップをかけるだけではなく、身体の革命を起こす事につながります。動きやすい身体になるだけでなくホルモン（生きていくために必要で重要な情報伝達物質）や自律神経（内臓の働きなどを調整してくれる神経）といった体内環境にも良い影響を与えてくれます。

僕は100トレにしっかり通って頑張っているのに、腰が痛い、肩が凝る、あそこ痛いそこ痛いと言っている人には睡眠の大切さを説明します。僕はスポーツ選手のトレーニング指導もしますが皆「トレーニング」「食事」「休息」が重要であって、そのどれか一つが欠けてもダメだと自覚していますが休息がとれていない人が多いように感じています。ジュニアアスリートの選手は部活に習い事に宿題にそしてスマホ（友達とのLINE、Instagramチェックにyoutube）、トレーニングもしっかりして栄養もしっかりとっているのに活躍出来ない、怪我を良くするといった選手には睡眠時間がたりない事を指導します。

また、健常者と認知症の中間にあたるグレーゾーンの段階を、軽度認知障害（Mild Cognitive Impairment 以下、MCI）と言いますが、厚労省の発表ですと全国で約900万人、65歳以上の4人に一人と言われています。

MCIと診断されたされた場合4年以内に50％、6年以内に80％が認知症へ移行する事もわかっています。正常な脳の重さは平均1・35キログラムありますが、MCIを発症すると脳が萎縮して1キログラム切ってしまいます。また、毎年15，000人以上が認知迷子（徘徊）になり、残念ながらその中の5，000人が亡くなっています。

ＭＣＩの人も、健常者も強めの筋トレで認知機能は改善向上する事が僕の高齢者運動支援士ドクター資格時講師でもあった本山輝幸先生の研究でわかりました。

筋肉の大きさ（筋体積）をランクアップすると

1位：大腿四頭筋（1913㎥）
2位：ふくらはぎ（897㎥）＊ヒラメ筋（575㎥）腓腹筋（322㎥）
3位：大殿筋（864㎥）
4位：三角筋（792㎥）
5位：ハムストリングス（776㎥）

といわれており大きさランキングトップ3は下半身にあると言われています。それ故にまずは下半身強化が必要なのです。

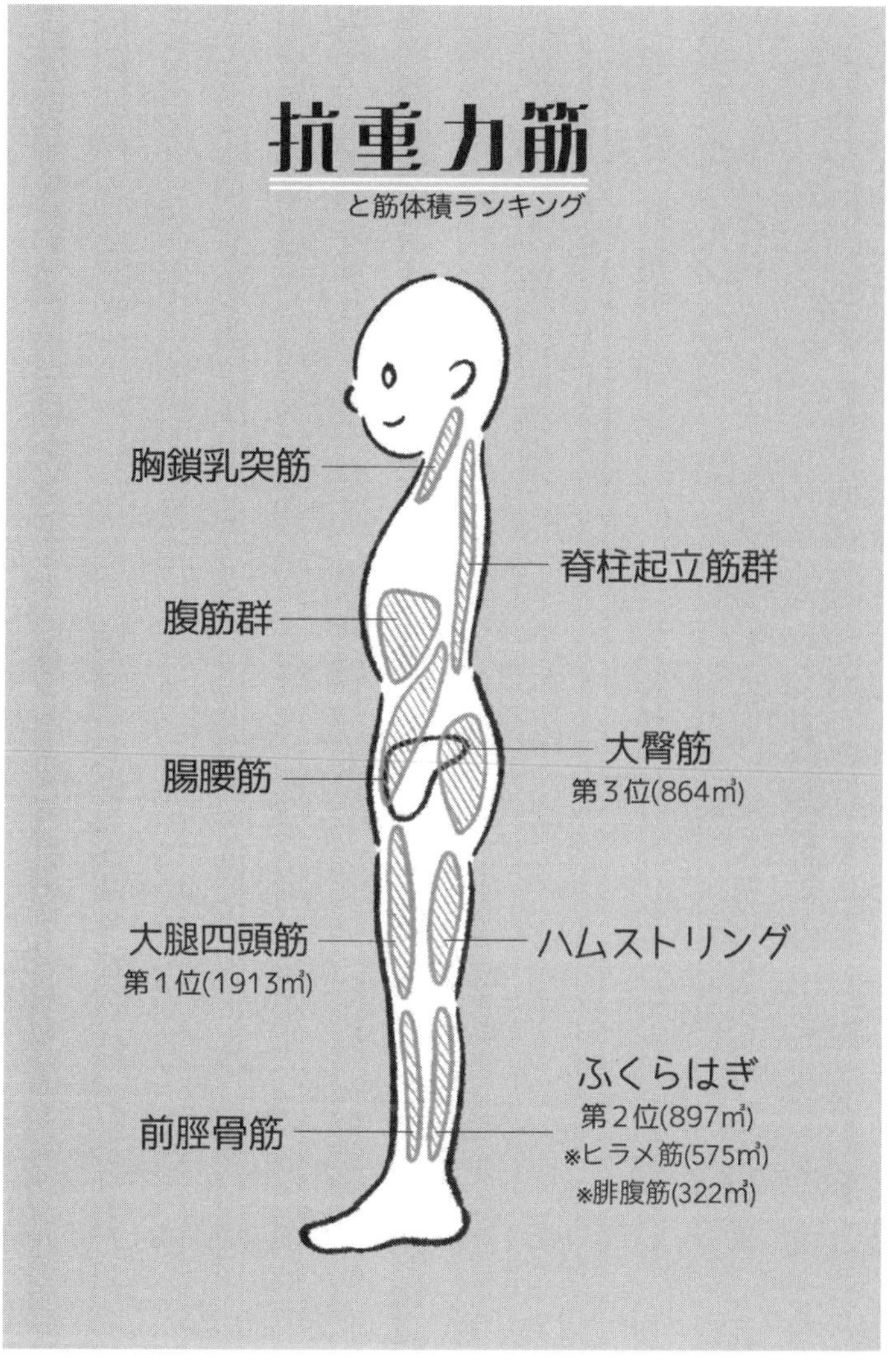
抗重力筋
と筋体積ランキング
胸鎖乳突筋
脊柱起立筋群
腹筋群
大臀筋
第３位(864㎥)
腸腰筋
大腿四頭筋
第１位(1913㎥)
ハムストリング
ふくらはぎ
第２位(897㎥)
※ヒラメ筋(575㎥)
※腓腹筋(322㎥)
前脛骨筋

## 抗重力筋&筋肉体積ランキング！

一般的には筋肉量を増やす事だけを目的にしたトレーニングは週に2回がベストですが、100トレは100歳現役ダイバーを目標に生き生きとした幸せな健康が目的ですから、回復力が遅い高齢者は週一にしたり、毎日軽い運動を指導したり個々の体質など見極め指導します。しかし、一番大切な事は運動する習慣を身につける事だと思いますし、それによって、絶対筋肉量を増やす努力もまた必要だからです。

だからこそ、レジスタンストレーニングを正しい方法で、正しい周期を持って行う事で筋繊維を支配する神経系が賦活し、より多くの筋繊維が効率的に働き、筋肥大を認め筋肉量が増加します。

ここで考えねばならない事はシニアともなると個人差が非常に大きくなります。体力ある人ない人、運動が好きか嫌いか、体がどれくらい柔らかいのか、姿勢が良い人悪い人、どれくらいの筋肉量があるのか等、もちろん、体のどこかに障害のある人もいます。そして天候や季節によっても体の動きや心の変化等の影響も大きく関与します。

そのために100トレは人によってメニューが違います。さらに言えば、その日のトレーニングメニューはお客様の体調、顔色、表情、身体を見て決めるようにしています。たとえば、いつもより右足が重くなったり右肩が下がったり右肩が挙げにくいようであれば肝機能低下の可能性を疑ったり、腰椎の動きが悪ければお腹の調子が悪いのかと予想を立てます。また、骨盤の左右差があれば整えます。体のどこかのコンディショニングが乱れているままトレーニングをするとトレーニング効果が出ないどころか折角トレーニングしても逆に体を痛めてしまう可能性もあります。

もう一つ、トレーナーは話を聞いてあげる事も大事な100トレだと思っています。話を聞いてあげて、身体の事、ダイビングの事、適切なアドバイスをしてあげて一番大切なのは運動する習慣を身につけて動ける自信を持たせてあげる事。そしてダイビングを好きになって笑顔で楽しんでもらう事を常に考えています。

## 第三節　公開！　誰でも出来る！　自分だけで出来る！　１００トレ最強のメニュー２つをご紹介

シニアダイバーの健康維持と管理のために僕が開発した１００トレ！　だからこそ、決して難しいものであってはなりません。シニアにとって究極のトレーニングとは、簡単！　短時間！　楽しく！　効果抜群！　！　！　これが何より大切です！

もちろん、開発したメニューバリエーションは多く存在するのですが、パーソナルトレーニングでは、ご本人の体調に合わせたトレーニングを行えますが、ここでは本書の解説だけで誰でも出来て、自宅で出来て、自分だけで簡単に出来る、最も効果的な究極のトレーニングを２つに絞ってご紹介します。

それは最強のコンディショニングエクササイズ《ドック＆キャット》と最強の筋トレ《スロ

ースクワット》です。もちろん、正しい方法で行わなければ効果も出ません。だからこそ、正確に出来るように図と解説を交えてご紹介していきます。**脳と筋肉と心はつながっています！**

ですから１００トレで一番大事な事は鍛えている筋肉に集中する事！　筋肉だけを鍛えるのではなく加齢に負けない脳ミソ強化も目的の一つです。ですから鍛える筋肉に意識を集中してトレーニング中の筋刺激（痛み）も感じ取るようにして下さい。そうする事により認知機能改善にも効果があります。メニュー回数も全部行う必要はありません。無理せずに出来る回数から行ってください。１００歳現役ダイバーになるためには決してダイビングを辞めない事、運動習慣を身につける事が大切です。以下の事に留意しながら一緒に頑張っていきましょう。

1. 無理は禁物　腰痛や関節痛などがある場合は無理のない範囲で行ってください。
2. 筋肉痛がある場合はやらないでください。
3. ダイビングと一緒で呼吸は止めないでください。
4. 休息や水分補給は適度に行ってください。
5. 頑張るのと無理は違います！　体調や気分が良くない時はきっぱり休んでください。

## 《Dog&Cat（ドッグアンドキャット）エクササイズ》

Dog時は背中の下　Cat時はお腹に集中する事！

「腰が痛い！　肩が痛い！　お腹が弱い、偏頭痛」など身体に不調がある方に絶対おすすめのエクササイズ。このエクササイズは、今でもトレーナーのスキルを学んでいる日本ホリスティックコンディショニング協会の岩間徹先生から学んだ究極のセルフコンディショニングトレーニングです。

まず、手は肩幅より少し開き四つん這いの姿勢になります。

次に、肘が曲がらないようにしながら肩甲骨を内側に寄せながら、腰椎付近に力を入れて背中を反らしていきます。

そして、お臍を覗き込むようなイメージで、手で床を押しながら、腹筋に力をいれて背中を丸くしていきます。

Dog & Cat動画は横のQRコードをスマホで読み取ってください！

# Dog & Cat

## 最強コンディショニングエクササイズ

1 四つん這いになります。

手は肩幅より少し開く。


※②～③を繰り返します。

2 背中を反らしていきます。

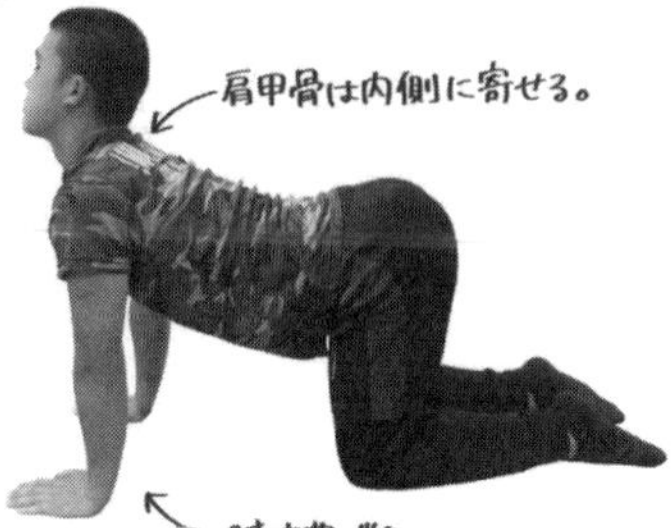
肘は曲げない。


3 背中を丸くしていきます。

このエクササイズのポイントは後頭骨（頭蓋の後部および底部にある骨）から仙骨（腰の中央、背骨の一番下に在る三角形の形をした骨）までのラインのいわゆる「体軸」を整える事にあります。

体軸が整うと姿勢がよくなる事で、呼吸がしやすくなります。ひいては、血流が良くなり、身体の調子が良くなる事につながりますので、結果的に運動効果を上げる事になります。また、体幹部の深層筋、いわゆるインナーマッスルにもトレーニング効果があり、腰痛予防・肩こりの方にもお勧めできます。

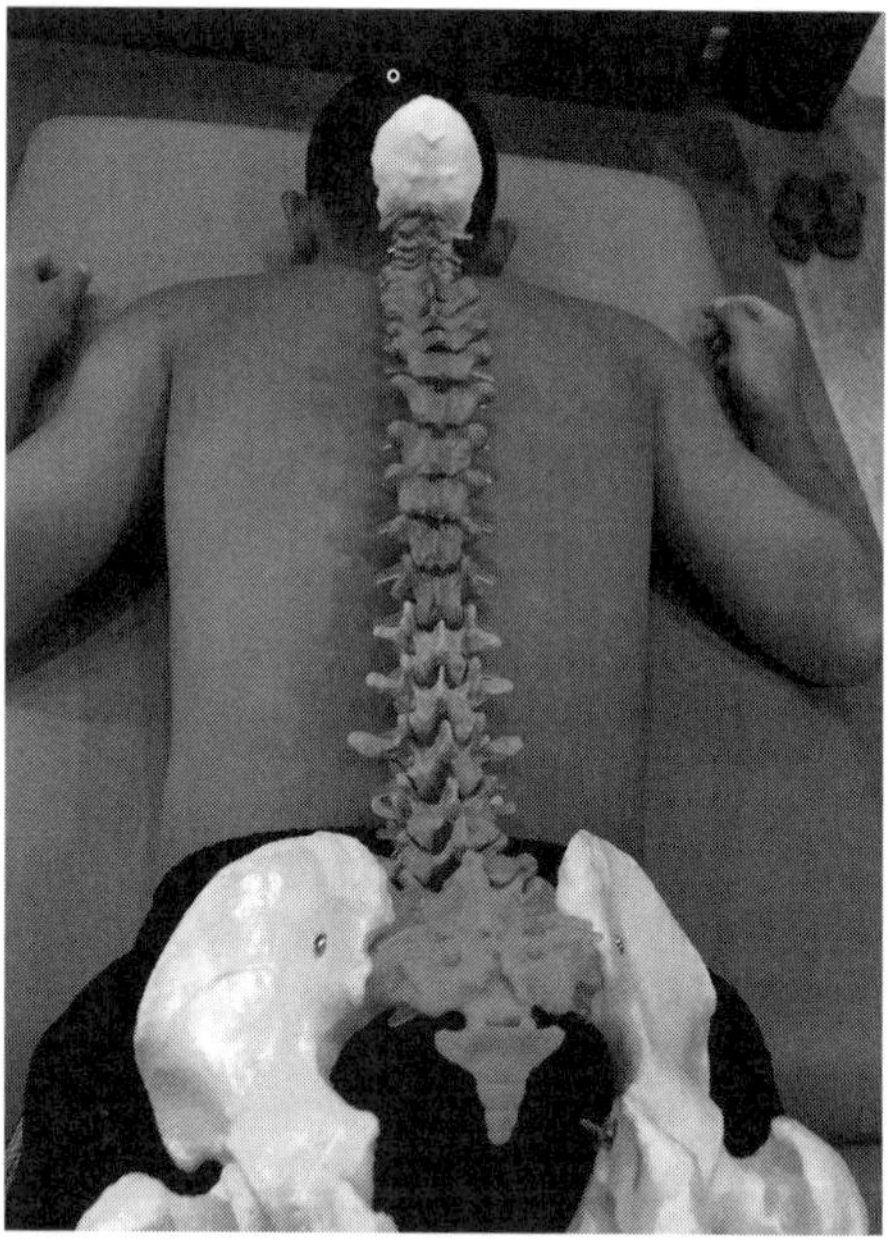
体軸を整える事が重要！

また、トレーニング前のおすすめエクササイズでもあります。無理はしなくてＯＫです。出来る範囲から行い、目標1日10回ずつで頑張りましょう。
このエクササイズは動画を見ながらもできます。

## 《スロースクワットエクササイズ》

### 太ももに集中し痛みをしっかり感じる事が大切です！

「おすすめのトレーニングを1つだけ教えて欲しい」という事であれば、迷わずこのスクワット！　スロースクワットは僕の高齢者体力つくり支援士ドクター資格時の講師の石井直方先生考案のエクササイズです。

先生自身の2度に渡るがんの闘病中にも実践された、まさに「いのちのスクワット」と言われています。自重で怪我の心配なく筋肉量を手軽に増やせる究極の筋トレです。やり方は超簡単。ゆっくり立ち座り動作をするだけです！　ここでは、石井直方先生のご著書「いのちのスクワット（2度のがんから私を救った）」よりスロースクワットの効果的やり方について抜粋させて頂き、ご説明させていただきます。

スクワットは体の中で最も大きな筋肉である太ももの筋肉を鍛える事ができます。つまり、高齢者の転倒予防にもつながりますし、大きな筋肉を鍛える事によって基礎代謝を上げる効果が期待できます。基礎代謝とは人間が生きていくために必要な最小のエネルギー消費量の事です。基礎代謝が上がると消費カロリーが増えます。

スロースクワットには、さまざまな種類や変法がありますが、すべてにおいて共通するポイントが3つあります。

**1. ゆっくりなめらかな動きを続ける**

**2. 筋肉に「効いている」という意識を持つ**

**3. 呼吸は止めずに、動作に合わせた呼吸をする**

これを少し詳しく説明すると、「ゆっくりなめらかな動きを続ける」というのは、「筋肉に常に同じ負荷をかけ続ける」事です。一瞬でも筋肉の緊張が緩んでしまうと、効果が減ってしまいます。常に同じ負荷をかけ続ける事で効果を持続する事ができます。

「ゆっくりなめらかな動きを続ける」というのは、太極拳の動きをイメージして頂くとわかりやすいと思います。太極拳は、最初から力を抜き、ゆっくりと稽古していく事で、筋肉のみならず、「気」や「意識」が体を動かしている力を身につけていくのですがそれに共通した考えです。つまり、「筋肉に「効いている」という意識を持つ」事にもつながります。また、「呼吸は止めずに動作に合わせて呼吸する」というのは、呼吸を止めて力を入れると、血圧が急上昇してしまう事があります。確かに、スロースクワットでも、血圧は多少上がりますが、呼吸を止めなければ血圧を急上昇させる事はありません。基本的には、「しゃがみながら息を吸い、立ち上がりながら息を吐く」といった、動作に合わせた呼吸をする事が重要です。

また、スロースクワットの特徴は軽い負荷（最大筋力の30％程度）ですが、筋肉の力を抜かない事で血流を抑制して酸素不足を起こさせる事にあります。その結果、筋肉は早く疲れてキツいトレーニングをした場合と同様に鍛えられるのです。また、動きがゆっくりなため安全性が高く、少ない回数（1セット当たり5～8回程の反復）で効果を出す事が出来るのです。

また、一言でスロースクワットと言っても「通常のスロースクワット」「体力に自信がない人向けスロースクワット」「上級者向けスロースクワット」とさまざまですので、それを順番にご紹介します。

「通常のスロースクワット」

足を肩幅よりやや広めに開いて、つま先はやや外側に開き，股関節に手を当て、やや腰を落とします。

次にお腹と太ももで手を挟む様にゆっくり腰を下ろす。この時、膝はつま先より前に出ないようにする事と、お尻は後ろに引く事に注意をします。

太ももが床と並行になるまで腰を下ろせたら、4秒かけてゆっくり立ち上がります。また、立ち上がった時、膝を伸ばしきらない事が重要になります

目安ですが、1日5回～8回を1日3セット週に2～3回行う事が効果的です。

5〜8回
1日3セット
週2〜3回がベスト

# 基本の スロースクワット

**Point!**

- ゆっくり滑らかに動く
- 膝を伸ばさない
- 呼吸を止めない

## 1 足を肩幅より やや広めに開く

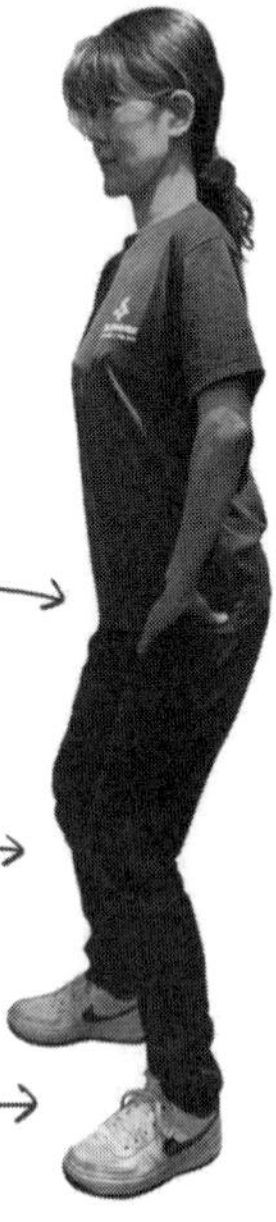

お腹と太ももで 手を挟みます。

※②〜③を繰り返します。

**3** 4秒かけて立ち上がります。

**2** 太ももが床と平行になるまで4秒かけて腰を下ろします。

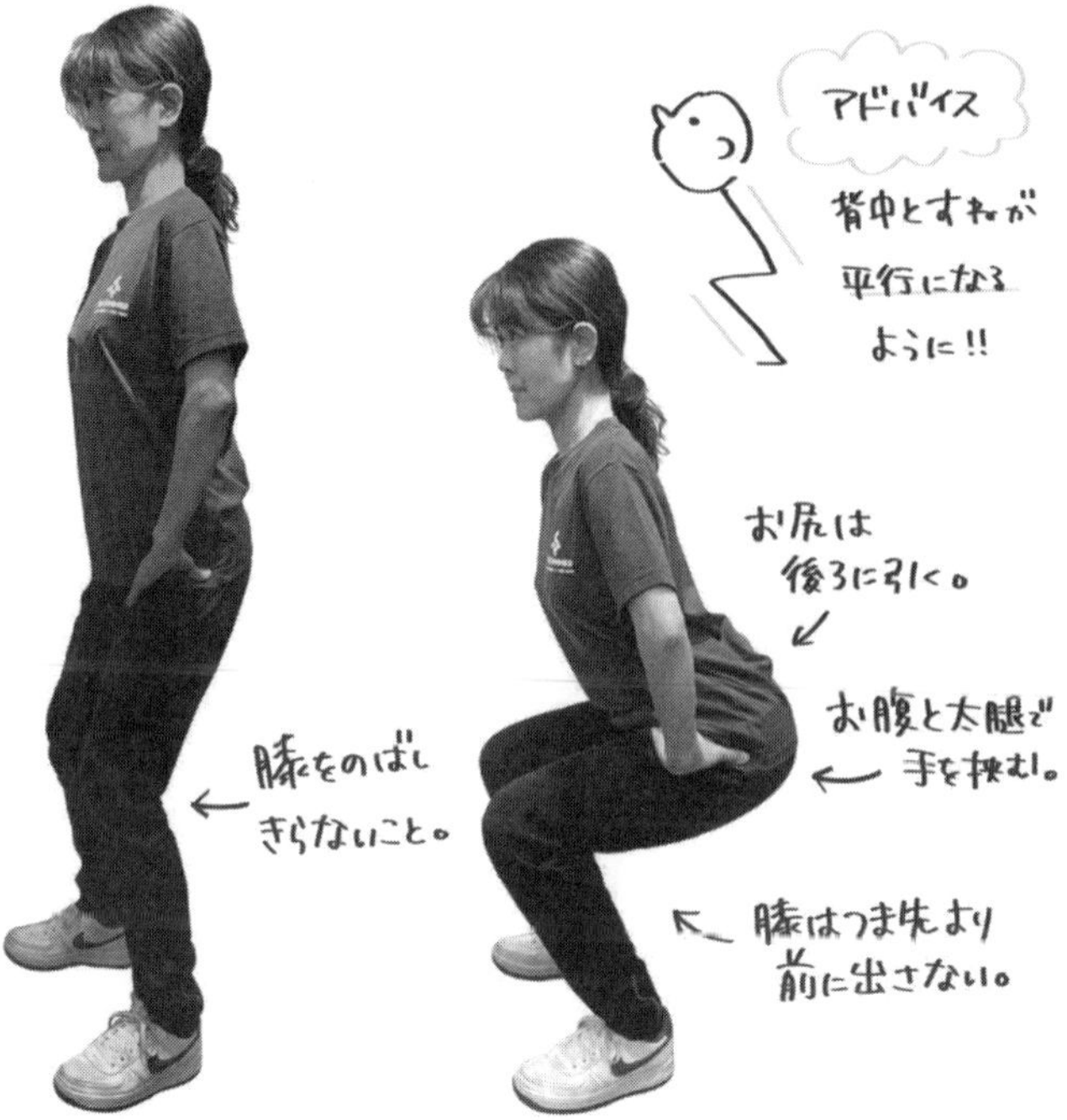

アドバイス
背中とすねが平行になるように!!
お尻は後ろに引く。
お腹と太腿で手を挟む。
膝をのばしきらないこと。
膝はつま先より前に出さない。

スロースクワット通常版動画は横のQRコードをスマホで読み取ってください！

## 「体力に自信がない人向けスロースクワット」

椅子に浅く腰かけ、両手を膝につきます。膝に手をつくと重心を前にもっていけるので、膝を伸ばす力が弱くても立ち上がりやすくなります。

体を前に傾けて、ゆっくりと4秒かけて息を吐きながら立ち上がります。

膝に手をついたままゆっくりと4秒かけて息を吸いながら腰を落としていきます。

この時の注意点は、できればお尻が椅子につく寸前くらいまで降ろしたら座り込まず、そのまま立ち上がるのがベスト。しかし、つらい人は椅子に座ってから立ち上がっても構いません。

回数は少なめからはじめて順番に回数やセット数を増やしていくと良いでしょう。

また、この椅子スクワットは普段の生活の中でも行う事ができます。た

体力に自信がない人向けスロースクワット動画は横のQRコードをスマホで読み取ってください！

1 椅子に浅く腰掛けます。

ひざに両手をつく。→

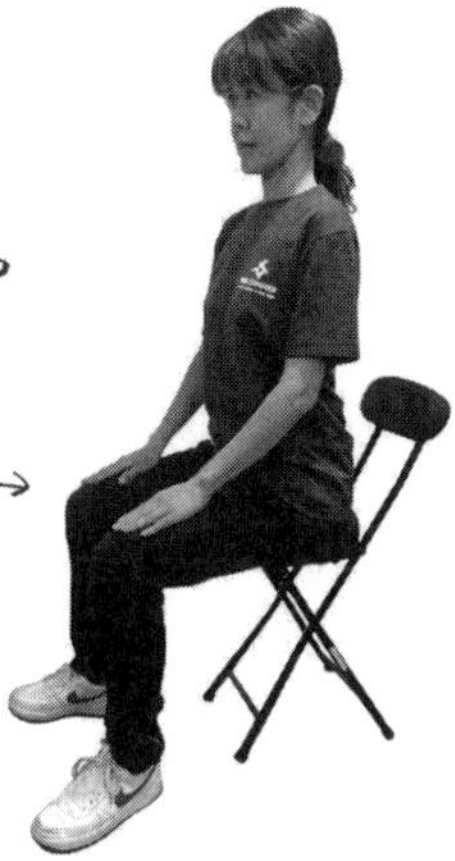

※②〜③を繰り返します。

2 4秒かけて立ち上がります。

手はひざについたまま体は前に傾ける。→

アドバイス

息を吐きながら！

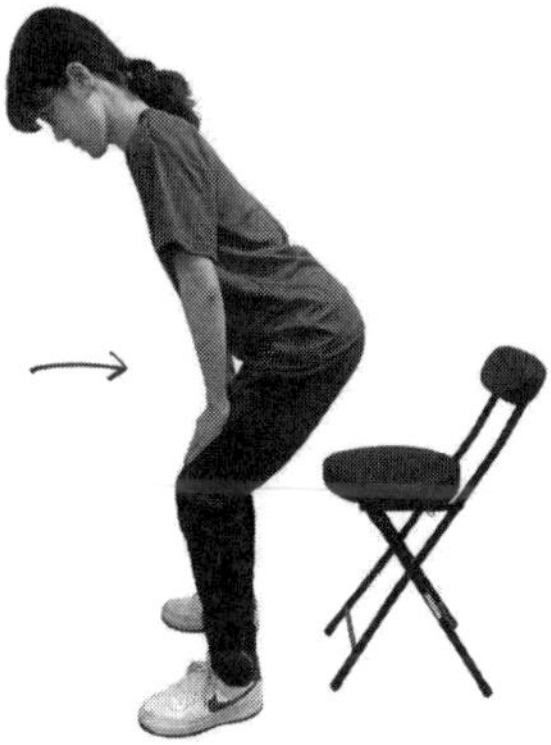

3 4秒かけて腰を落とします。

手はひざについたまま。→

アドバイス

息を吸いながら！

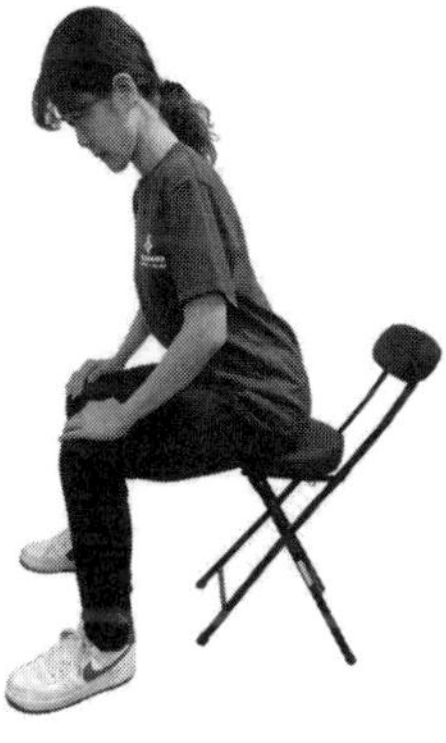

とえば、これから動こうとして立ち上がる時、1回で立ち上がるのではなく、このスロースクワットを3回位やってから立ち上がるという事を実践してみましょう。

**「上級者向けスロースクワット」**

足を前後開脚して立ち、手を腰に当て、少し膝を曲げます。足は開き過ぎてはいけません。

ゆっくりと4秒かけ息を吸いながら腰を下ろします。

腰を下ろした時、上体はまっすぐ、肩と股関節、膝が一直線になるようにして、前側の足は床と平行になるまで腰を落とします。

ゆっくりと4秒かけ、息を吐きながら腰を上げます。

一度行った後は、足を前後逆にして同様に繰り返します。開く足を大き

スロースクワット上級編向け動画は横のQRコードをスマホで読み取ってください！

1 足を前後に開脚して立ちます。

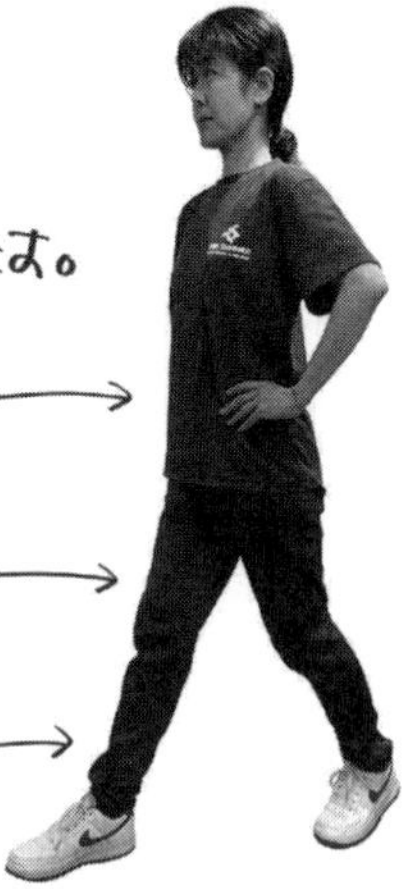

手を腰にあてる。

膝を少し曲げる。

足は開きすぎない。

2 4秒かけ腰を下ろします。

太ももと床が平行になるまで。

アドバイス

上体はまっすぐ!
肩・股関節・膝が
一直線になるように!

3 4秒かけ腰をあげます。

※1度行った後は
足を前後逆にして
繰り返します。

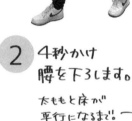

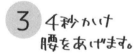

く取るとより負荷をかける事ができます。このスクワットはかなり強度の高いスクワットで10回続けてできたら筋力はアスリート並といえます。

8回でもかなりハードですので、5回でも十分です。

## スクワットを行う上で注意する事

確かにスクワットは簡単にできて、高い効果をもたらす事の出来るエクササイズですが、間違ったやり方でやってしまうと効果が出ないばかりか、体を痛める事になります。

悪い例を2つ紹介します。

### 「膝が内側に入る」

膝が内側に入る事で、膝を痛めやすくなります。膝は足先と同じ方向で、やや外側を向くようにします。

## ダメスクワット1

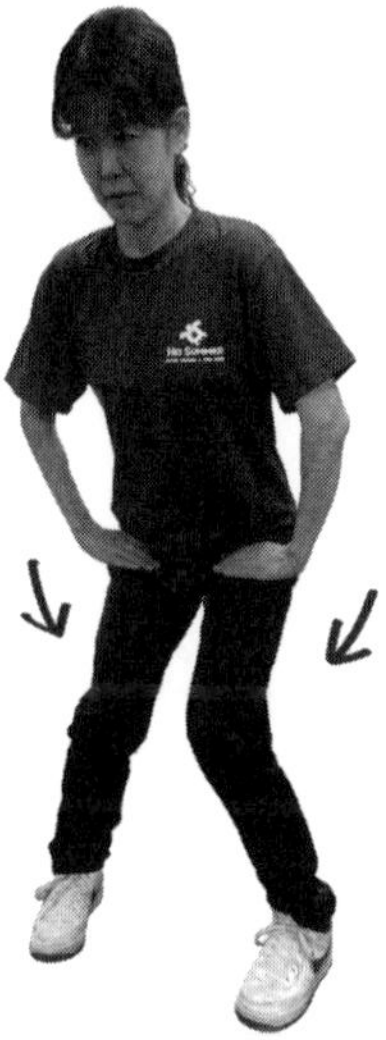

× 膝が内側に入る。

→膝を痛めやすくなります。

○ 膝は外側に向ける。

→ 足先と同じ、やや外側に向けましょう。

## ダメスクワット2

× 膝がつま先より前に出る。

→ 膝への負担が大きくなり、膝を痛める原因になります。

「膝がつま先より前に出る」

膝がつま先より前に出ると膝への負担が大きくなり、膝を痛める原因になります。

１００トレはミッドサマーメンバーが１００歳現役ダイバーを目指すためのトレーニングで名付けました。しかし、このトレーニングはダイバーのみならず、どなたにでも共通して出来る有効なトレーニングだと思っています。

アスリートのトレーニングの様にただ厳しいトレーニングで筋肥大を目指す様なトレーニングだけではシニアの方は継続が難しくなります。１番大切なのは「トレーニング習慣をつけて楽しく継続してもらう事」だと考えております。また、シニアの方は一人暮らしの方も多いので孤独を感じ寂しいと言う言葉をよく聞きます。だからこそ、ミッドサマーの１００トレでは会話も大切にし、時には笑いながら遊び感覚で行う事を心がけています。

時にはちょっと激しく筋肉痛になる事もあるかも知れません。しかし、筋肉痛や、身体がだるい時にはお喋りしながら、おしゃべりもまた表情筋のトレーニングになります。キツく感じさせずに楽しくやって筋力アップを目指します。ですから、どんな状態でも、まずは休まずミッドサマーに来てもらう事を習慣づける様にしています。

また、シニアの中でも男性はやはり筋力アップトレーニングを好まれる方もいらっしゃるので、その様なタイプの方には、倒れそうな程追い込んで「まだまだ出来るぞ！」と言う自信を持たせてあげる事も重要です。

お客様の性格やその時の体調や顔色、表情、精神的な状態に合わせて行う事が出来るのがパーソナルトレーニングの最大の強みであり、これこそが、ミッドサマーにおいてはシニアダイビングをサポートする上でも大きく役立っています。また、ミッドサマーに通っていただける方には100トレを通してサポートが出来ますが、ミッドメンバーでも遠方の方やまたこの本を読んで下さる方も、先ほどご紹介した「Dog&Cat」「スロースクワット」をまずはしっかり行ってみて下さい。この2つはダイバーもノンダイバーにも日常の体力維持におすすめトレーニングです。

また、この2つのエクササイズはアスリートのコンディショニングトレーニングにも取り入れています。

# 第七章

## ミッドサマーでダイビングを楽しむ
## シニアダイバーの紹介！

さて、この章では、ミッドサマーでダイビングを楽しむシニアの方々がどういった経緯でダイビングに出会い、シニアダイバーとしてご自身の人生を謳歌されているかをご紹介したいと思います。

シニアの方がダイビングと言う特殊なスポーツではありますが、決して特別な方ばかりでは無く、やりたい！　と言う前向きな気持ちがあれば誰でも出来ると言う事をこの章をお読みいただければおわかりいただけると思います。また、これからダイビングをしたいけど「この年齢で大丈夫？」と思われている方にも是非ご参考になれば幸いです。

## 【がんを克服　85歳ダイバー】

澤征子さん　１９３９年５月６日生まれ　85歳

ダイビングの免許を取得したのは62歳の時。その6年後、悪性リンパ腫を患い、抗がん剤治療を受けながらもダイビングを続けガンを克服。現在ではトータルで８００本を超える大ベテランとなりました。

84歳誕生日　奄美ツアーにて

サイパン沈船ポイントにて

質問：ダイビングをはじめたキッカケは何ですか？
澤氏：戦前、共通の知人を通じて知り合ったアメリカ人水兵さんに幼い頃に大変に可愛がって頂きました。しかし、戦中に、南太平洋の海で残念ながら戦死してしまいました。その時の思い出がずっと残っており、50歳を過ぎた頃に友人と訪れたタヒチの海で最初は波打際での水遊びでしたが、次回に訪れた時にスノーケリングに挑戦しました。その時，南太平洋の海に憧れ海に、潜ればその水兵さんとつながれるような気がした事が、ダイビング免許を取るキッカケとなりました。

質問：ダイビング歴は何年ですか？
澤氏：ダイビングの免許を取得したのが2001年で62歳の時でしたので、今年で22年になります。

質問：ダイビングをはじめようと思った時に不安だった事は？
澤氏：最初にタヒチに行った時はまったく泳げなかったのですが、次回にスノーケリングに挑戦して泳げるようになった事で自信が付きました。ダイビングはその延長とも思っていましたので、ダイビングへの憧れが大変に強く、特に不安だった事はありません。

質問：ダイビングを行う上で気をつけている事は？

澤氏：健康の維持のために、100トレの重要性を非常に感じて今も頑張って毎週続けています。また、無理は禁物と自分の体調と相談しながら行っています。

質問：今までで最も印象的だったスポットはどこですか？

澤氏：南太平洋島々です。中でもボルネオ島が大変に印象的でした。

質問：これからダイビングを通じてチャレンジしたい事は何ですか？

澤氏：昔はよく海外でのダイビングをしましたが、今は、体力的にも大変なので、国内（南西諸島等）のキレイな海でいつまでも潜っていられれば良いと思っています。

質問：100トレを行うにあたって面倒だと思う事はありますか？

澤氏：一人暮らしなので、トレーニングのために家を出ようとする時が一番面倒だと思いますが、トレーニングに来てしまえば、仲間たちとおしゃべりもできますし、体もスッキリしますので毎週来るようにしています。

## 【旦那様は生涯現役そして現在奥様は元気ハツラツ三世代ダイバー】

片桐幸子さん　１９３８年10月10日生まれ　85歳

後述の片桐弘さんの奥様で、ご主人が亡くなって一時、元気を失っていましたが、仲間とお嬢さん、お孫さんに支えられダイビングを復活されました。お嬢さん、お孫さんもダイバーで3世ダイバーとして今も頑張っていらっしゃいます。

片桐弘さん　１９３５年８月18日～２０１２月12月12日　77歳にて永眠

片桐さんこそが、100トレ誕生のキッカケとなった方です。

2004年にご夫婦で某フィットネスクラブでライセンス取得しましたが、ダイビングツアーに参加しても若い子ばかりで、なかなか馴染めず、ダイビングをしても面白くない思いをしていました。

そうしたところ、2008年1月にご夫婦で七福神巡りの途中に、偶然、ミッドサマーの店を発見して、店の前をうろうろしていたので、気になって僕が声をかけて来店、それからのお付き合いです。

2008年8月　初ミッドツアーでケラマ阿嘉島へ　同年代の生き生きしているミッドの仲間と意気投合。その時念願のウミガメと遭遇した事が一番の思い出だそうです（奥さん談）。

2010年6月粟国島ツアーがBIGツアー最後となりました。ツアー中に肺がおかしいとせき込んでおり、帰宅後に病院で精密検査を受け、肺

娘さん・お孫さんで水中散歩

がん発覚。抗がん剤の後遺症で血糖値が上がり、糖尿食のために、一日の摂取カロリーが1200カロリー程に制限されていました。食事制限のために気力も元気がなくなり家から出る事すらしなくなりました。結果として、筋肉量が減少することで、動く事ができず寝たきり状態になってしまい、さらに、免疫力が落ちて感染症を引き起こしやすくなり、最期は、肺炎を併発して亡くなりました。

片桐さんとは家族ぐるみのお付き合いで、亡くなる前日までお会いしていました。人の死がどのように訪れるのかを片桐さんを通じて知る事ができましたし、健康・生きがい、筋トレの大切を教えてくれました。そこから生理学・トレーニング理論やトレーニング・コンディショニングトレーニングの勉強をし直し、高齢者体力つくり支援士Drパーソナルトレーナーを取得して、片桐さんが亡くなった翌年2013年5月から本格的に100トレを開始したのです。

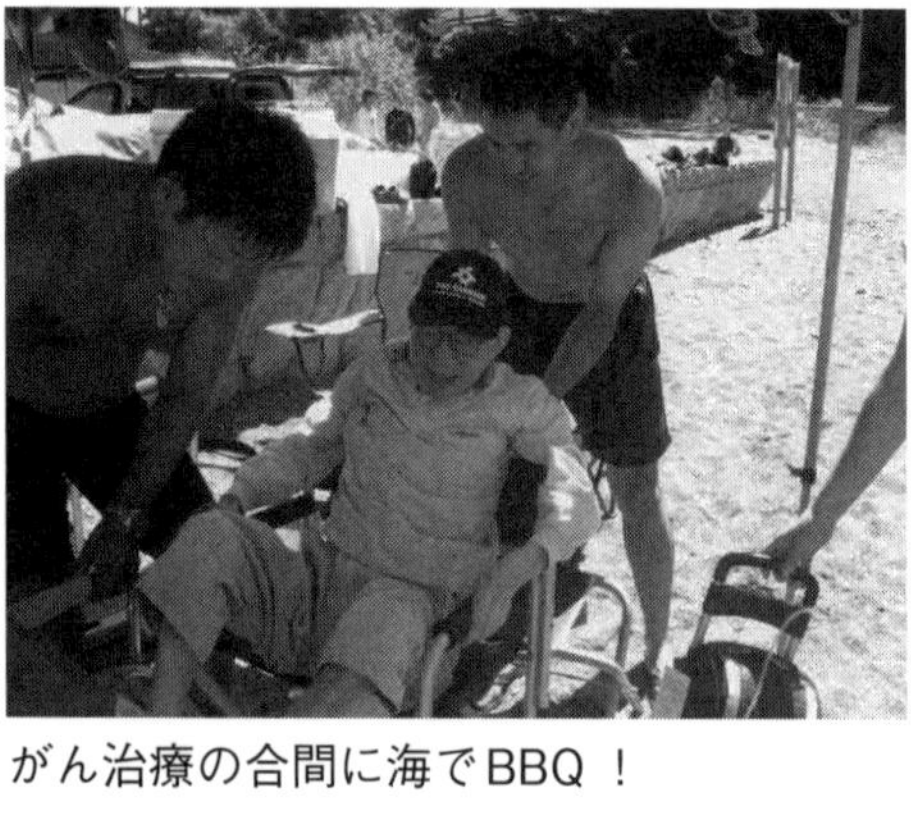

がん治療の合間に海でBBQ！

片桐さんとの最後の思い出は、２０１２年９月12日。すでに車いすで酸素を付けた状態でしたがご家族、仲間と共に海でバーベキューを行い、海辺まで自分の足で歩いて、砂浜の感触を楽しみ、冷たいビールとアワビとソーセージを思いきり食べた事です。その年の、12月12日に永眠。

その日は、偶然にも妻まゆみの誕生日でもあり、「忘れるなよ！」と言われているような気がします。

粟国島ツアーにて

## 【100トレで心の元気を取り戻して海に復帰　体重も10キロ増！】

森川春枝さん　1941年3月25日生まれ　83歳

ダイビングのライセンスを取得したのは2003年10月の事です。一時期心身共に体調を崩し、暗いのが怖い・青いのが怖いなどで2年ぐらいダイビングから離れていましたが100トレは毎月3回必ず行っております。見事復活で今は人生で一番幸せかも！　と常に笑顔です。

質問：ダイビングをはじめたキッカケは何ですか？

森川氏：友人がミッドでダイビングしており、見学に行き、楽しそうだし、私もできそうですし、やって見たいと思い、今に至っています。その友人に、感謝しております。

質問：ダイビング歴は何年ですか？

森川氏：2023年で20年です。

質問：ダイビングを行う上で気をつけている事は？

森川氏：体調管理と、余り無理せず、楽しみつつ長く続けて行きたいと、思っています。
質問：今までで最も印象的だった事は？
森川氏：はじめて間もなく、伊豆大島のスポットで、タカベ玉を見た時です。本当に海の中の素晴らしさを知りました。

80歳のお誕生日は100トレでお祝い

質問：これからダイビングを通じてチャレンジしたい事は何ですか？
森川氏：80歳を過ぎて思う事は昨日まで出来ていた事が、今日はできなくなるかも知れないという事もあります、しかし、体操をする事で、なるべく体調の維持を続けていく事が出来ると考えていますし、普通に生活も続けていけると思います。ですからこの先も、この繰り返しで、ダイビング、筋トレをして行きたく思っています。

## 【70代からダイビングに挑戦した2選手】

**坪田茂登子さん　１９４０年12月３日生まれ　83歳**

２０１３年11月72歳の時オープンウォーターのライセンスを取得。右足に人工関節が入っていますがそれを見事に乗り越えてのライセンス取得で今まで１６５本のダイビング経験があります。

質問：ダイビングをはじめたキッカケは何ですか？
坪田氏：海が好きで、以前よりスノーケリングを行っていました。ですから、魚を上から見下ろす事はできたのですが、友人でダイビングを行っている人がいて、魚を下から見上げてみるのも素敵と言われて、やって見たくなりました。

質問：ダイビング歴は何年ですか？
坪田氏：今年で11年目になります。

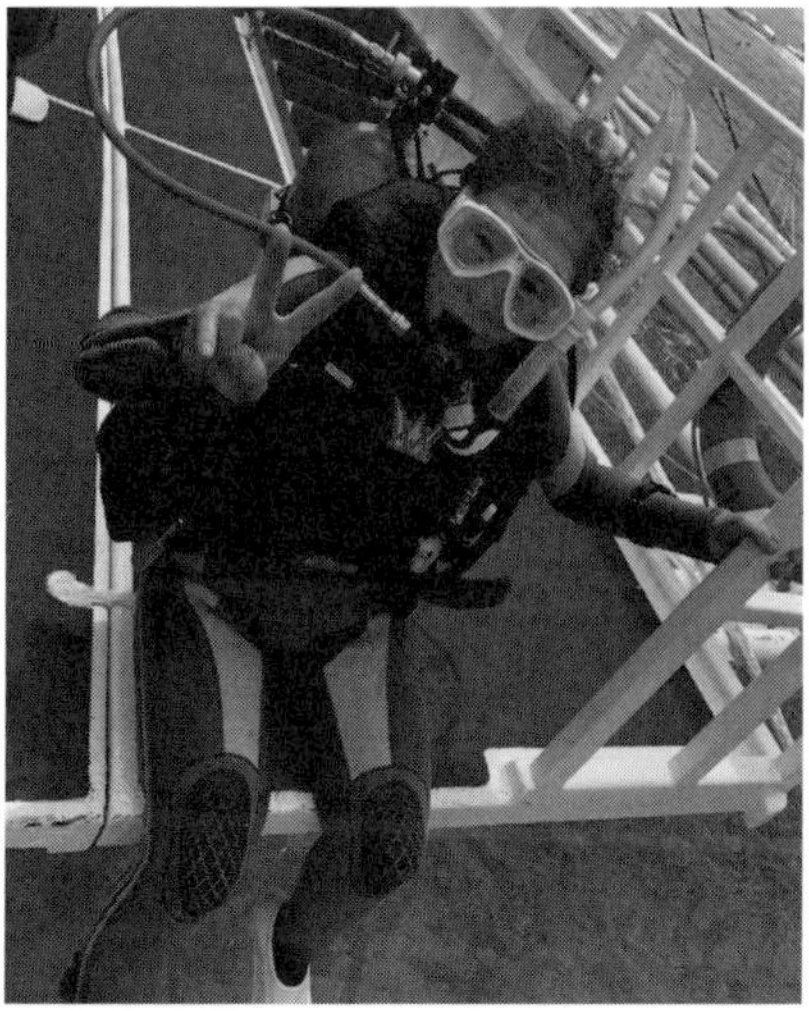

ダイビング準備OK！

大好きフィリピンの海で大笑顔

質問：ダイビングをはじめようと思った時に不安だった事は？
坪田氏：右足が人工股関節なので、１００トレやダイビングの時に脱臼するのではないかという不安はあります。しかし、インストラクターの指導の下で解消してきています。

質問：ダイビングを行う上で気をつけている事は？
坪田氏：余り無理せず、インストラクターの注意を守る事です。

質問：今までで最も印象的だった事は何ですか？
坪田氏：この歳で潜れる事が嬉しくすべてが心に残っています。しかし２０２１年11月に石垣島で見たマンタロードです。初めて見たマンタの大群に大感動しました。

質問：これからダイビングを通じてチャレンジしたい事は何ですか？
坪田氏：１００歳を目標にダイビングが続けられますよう健康を維持し、トレーニングに励んで行きたいと思います

米田賢二さん　１９４７年４月８日生まれ　76歳

50年前（25歳の時）にスノーケリング（素潜り）にのめり込むもその後は仕事で自分の趣味など出来る時間もなく、75歳でリタイアしました。やっと自分の時間が取れる様になり、昔から憧れていたダイビングにチャレンジしようと思い立ちました。しかし、現実は厳しく75歳と言う年齢の壁に何店舗か断られ、それでも、どうしてもダイビングにチャレンジしたく、ネッ

海洋実習大瀬崎にて

トで調べると100歳ダイバーと言う言葉を見つけてミッドサマーを訪問しました。
ここで自分より年上の先輩ダイバーに勇気づけられ2023年8月にオープンウォーター講習を申込み、2023年10月13日76歳でライセンスを取得しました。

質問：ダイビングをはじめたキッカケは何ですか？

米田氏：元々スノーケリングをやっていましたが、仕事で趣味をする時間が無く、リタイア後にダイビングをやろうと思いましたが、色々な店で断られました。しかしミッドサマーという年齢制限の無いダイビングスクールに巡り会えた事がキッカケです。

質問：ダイビング歴は何年ですか？

米田氏：スキューバははじめたばかりです。

質問：ダイビングをはじめようと思った時に不安だった事は？

米田氏：ダイビングをやりたいという気持ちは強いのですが、本当に体力的に耐えられるかどうかという事や、深く潜った時、耳抜きが出来るかどうか、足がつらないかと言った事です。

質問：ダイビングを行う上で気をつけている事は？

米田氏：ダイビング中は安定した呼吸、耳抜き、マスククリアで、日常生活の上では体調管理です。

質問：今までで最も印象的だったスポットはどこですか？

米田氏：西伊豆大瀬崎です。

質問：これからダイビングを通じてチャレンジしたい事は何ですか？

米田氏：体力の許す限り世界の美しいダイビングスポットに潜って、さまざまな海洋生物を見てみたいと思っています。

## 【ちょい悪オヤジ！　仲間がいるから頑張れる！】

吉田隆治さん　1950年1月24日生まれ　74歳

２００４年6月にオープンウォーターライセンス取得。ミッドサマー楽楽（ミッドサマーのシニアグループ）のムードメーカー。いつもいい加減な話をして周囲を盛り上げています。しかし、大変に真面目でストイック．もうすぐダイビング１３００本を越えるミッドサマーではナンバーワンのダイビング数を誇ります。また１００トレには毎週来て体を鍛えています。

質問：ダイビングをはじめたキッカケは何ですか？

吉田氏：サイパンで体験ダイブをした事からハマりました。

質問：ダイビング歴は何年ですか？

吉田氏：53歳の時にライセンスを取得しましたので、今年で20年目になります。

質問：ダイビングをはじめようと思った時に不安だった事は？

吉田氏：体験ダイブでダイビングの素晴らしさを不安の前に味わってしまったので特にありません。

質問：ダイビングを行う上で気をつけている事は？

吉田氏：急浮上しないという事です。水中では肺に含まれる空気の圧力が水面上よりも強くかかっているため急浮上する事によって肺に含まれる空気が急に膨張し、肺が裂けてしまう可能性があるからです。

質問：今までで最も印象的だったスポットはどこですか？

吉田氏：シパダン（ボルネオ島）です。カンムリ

ブダイの大行進には大感動しました。

質問：これからダイビングを通じてチャレンジしたい事は何ですか？

吉田氏：これからはチャレンジするというよりも、ダイビングをいつまでも楽しみきりたいです。

笠川静さん　1947年12月6日生まれ　76歳

２００８年10月にオープンウォーターライセンス取得。２０１２年4月にダイブコントロールスペシャリストライセンス取得（今は無いライセンスですがプロへのスタートランクになります。）10年間毎週１００トレに参加し、膝の痛み、腰痛ばかりでなく、一時は歩く事もできず、寝る事もできずと体調面でも相当の重症でしたが、それをすべて解消しました。

質問：ダイビングをはじめたキッカケは何ですか？

笠川氏：定年退職後、何かをしないと動けなくなるだろうという不安がありまして、ダイビングはどうなのかとなんとなく思っていました。そうしたところ、偶然、ツアーに出かけるミッドサマーの車を見かけたのです。そして乗客の皆さんがシニアの方々ばかりで年配でもダイビングが可能なんだと妙な自信が湧いてきました、実はその時、他のショップと約束をしていたのですが、そんな事をすっかりと忘れそのままミッドサマーのショップを訪問した事がキッカケです。

質問：ダイビング歴は何年ですか？

笈川氏：60歳の時にライセンスをとりましたので、16年になります。ダイビングの本数は４００本くらいです。最近は年に1度アップデートでプールに潜る程度ですが、１００トレには10年間毎週通っています

質問：ダイビングをはじめようと思った時に不安だった事は？

笈川氏：正直、ダイビングをはじめようとは思ったものの、本当に出来るのか不安ばかりでした。タンクを背負っているにしても水の中ですから何が起こるかもわかりませんし、すごいストレスでした。

質問：ダイビングを行う上で気をつけている事は？

笈川氏：一緒に潜っているメンバーとはぐれ

ないようにする事です。

質問：現在はダイビングというよりも100トレ中心という事ですが、辛いと思った事はありますか。

笈川氏：どんなトレーニングメニューもできている時は問題ないのですが、回数を重ねるごとにだんだんキツくなってきて体が動かなくなってくるのが辛いです。

質問：今までで最も印象的だったスポットはどこですか？

笈川氏：シパダン（ボルネオ島）です。カンムリブダイの大行進には圧巻でした。

質問：これからダイビングを通じてチャレンジしたい事は何ですか？

笈川氏：チャレンジというよりも温かい南の海でのんびり潜りたいです。

**山口洋右さん　1941年6月27日生まれ　82歳**

１９９７年６月に大森のダイビングショップ「コロンブス」でオープンウォーターライセンスを取得。ミッドサマー楽楽会（ミッドサマーのシニアグループ）の専務と呼ばれ精神的支柱の山口さんは今年６００ダイブを目指しています。

質問：ダイビングをはじめたキッカケは何ですか？

山口氏：元々海が好きだったという事と、通っていたジムのライセンス取得講座を受講したのがキッカケでした。それまでは挑戦したい気持ちはありましたがどうしてよいかわからずいたところ大森にコロンブスの出店があって覗いて見たところ良い感じを受け、こちらでライセンスを取得しました。

質問：ダイビング歴は何年ですか？

山口氏：ライセンスを取得したのが55歳ですから、今年で27年になります。

質問：ダイビングをはじめようと思った時に不安だった事は？

山口氏：最初はこの年から本当にはじめられるか不安でしたが、プール講習で器材をつけて泳いだところ意外にも自由に動き回る事が出来るので「自分は魚だ」と思い込んでいますので今は全く問題ありません。

質問：ダイビングを楽しむコツは何でしょうか？

山口氏：何よりもダイビングショップ選びだと思います。多くのショップが若いお客様が多いと馴染み難い事もあると思いますが、私と同世代のダイビングに力を入れているショップならすぐに馴染めるし仲間意識も強くなりますのでダイビングを楽しむ事ができます。

吉村岳さん　１９４０年９月４日生まれ　83歳

２００６年８月、66歳の時にオープンウォーターライセンスを取得。そもそも現役の時は忙しい中に趣味の時間を見つける楽しさがありますが、定年後は時間つぶしになってしまうという不安を抱え、一念発起し、新しい趣味としてスキューバダイビングに挑戦をはじめました。

質問：ダイビングをはじめたキッカケは何ですか？
吉村氏：山口洋右さんの記事を見て勇気を頂き定年退職のタイミングでスキューバダイビングにチャレンジしました。

質問：ダイビング歴は何年ですか？
吉村氏：65歳の時にライセンスを取得しましたので、今年で17年目になります。

質問：ダイビングをはじめようと思った時に不安だった事は？
吉村氏：町のダイビングショップに張り出される写真はほとんど若いダイバーなので、シニアの私はお呼びで無いのかと思っていました。しかし、やりたいという気持ちが先に立っていましたし、ミッドサマーのようにシニアダイバーが多くいるショップのツアーに参加する事で安心してダイビングができます。

質問：ダイビングの魅力とは何ですか
吉村氏：南の海はとても幻想的ですし、慣れてくると宇宙遊泳をしているような、浮かぶ感覚を味わう事が出来るのが魅力です。

質問：ダイビングを行う上で気をつけている事は？

吉村氏：ダイビング中は決して一人にならないよう一緒に潜っている人の存在を常に意識する事です。

質問：100トレを行っていて大変ではありませんか？

吉村氏：100トレは楽しみです。出かける機会も少ないですし、ここに来て仲間と一緒にトレーニングする事が何よりの楽しみです。

質問：今までで最も印象的だったスポットはどこですか？

吉村氏：パラオのブルーコーナーです。水流が激しくて、色々な魚を発見出来る事です。また、モルジブでナポレオンフィッシュを見つけた時は本当に感動しました。

質問：これからダイビングを通じてチャレンジしたい事は何ですか？

吉村氏：今までとにかく色々なところに行きましたので、思い残す事はありません。しかし、潜れるまで頑張って潜って見たいと思います。

## 【復興DIVEに参加するためにダイブリーダー講習に挑戦！　そしてがんにも打ち勝つ！】

佐藤文昭さん　１９４９年11月28日生まれ　74歳

２００７年8月オープンウォーターライセンス取得。２０１３年10月、ダイブマスターライセンス取得東日本震災後、人の役に立ちたいとダイブリーダーコースを取得し、東北の瓦礫撤去ダイブや清掃ダイブなどの環境保全活動に取り組んできました。そして２０２２年、前立腺がんにも打ち勝ちました。

質問：ダイビングをはじめたキッカケは何ですか？

佐藤氏：5年程参加した熱気球クラブに失望し、たまたまひとり旅で行った与論島で体験ダイビングに参加して大いに感動したのが始まりです。

質問：ダイビング歴は何年ですか？
佐藤氏：２００７年以来なので、16年程です。
質問：ダイビングをはじめようと思った時に不安だった事は？
佐藤氏：特にはありませんでした。

質問：ダイビングを行う上で気をつけている事は？
佐藤氏：普段から、1日3回のストレッチ運動をするなど、参加メンバーに出来るだけ迷惑をかけないようにする事です。
質問：今までで最も印象的だったスポットはどこですか？
佐藤氏：小笠原のボートで海中から上がろうと上半身が出た瞬間、数頭のイルカが間近に飛び上がり、且つ、その内の一頭の目が私の目と合った事です。
質問：これからダイビングを通じてチャレンジしたい事は何ですか？
佐藤氏：特段のチャレンジはありません。ただ、皆さんの迷惑にならぬようにマイペースで楽しみたいと思います。

## 【ミッドサマーの頼れるチームドクター！】

針金三弥さん　1955年7月10日生まれ　68歳
藤沢内科消化器クリニック経営（https://midsummer.jp/seniordiving）ミッドサマー楽楽会チームドクター

２０１０年５月アップデート２０１１年８月ダイブリーダーを取得しました。現在までダイビング数は３００本を超えています。また、毎週１００トレに通って10年になります。今はダイバーではない奥様も１００トレを頑張っています。何よりも針金氏はシニアダイバーを理解しているドクターなのでなミッドサマーの頼れるチームドクターとしてなんでも相談出来る方です。

質問：ダイビングをはじめたキッカケは何ですか？
針金氏：以前サイパンで体験ダイビングをした事があって楽しかった事がキッカケです

44LB
WFG
BLUE CORNER
PALAU

質問：ダイビング歴は何年ですか？
針金氏：13年になります。

質問：ダイビングをはじめようと思った時に不安だった事は？
針金氏：水中で、ボンベから呼吸が出来るかどうかが不安でした。

質問：ダイビングを行う上で気をつけている事は？
針金氏：その日の体調を客観的に把握して、すこしでも不安な事があったらダイブを見送る事です。

質問：今までで最も印象的だったスポットはどこですか？
針金氏：シパダン（ボルネオ島）です。

質問：これからダイビングを通じてチャレンジしたい事は何ですか？
針金氏：出来るだけ長く続けて行きたいと思います。

# 第八章

# 健康なシニア世代を支えるための僕の役割

# 第一節　元気のお裾分け！

今までお話しした通り、ミッドサマーを支えてくれたシニアダイバーの方は誰もが元気ですし、正直、実年齢よりも遥かに若く、はつらつとしていらっしゃいます。そもそも、80歳を超えたおじいちゃん、おばあちゃんがスキューバダイビングをするなんて一般的には信じ難い事だと思います。

普通であれば、人間、年を取るとどうしても、心身ともに「元気」がなくなって行きやすく、加齢とともに運動能力や、情報処理能力が衰えていく事は仕方のない事だと思います。それに、何か新しくはじめようと思っていても、「この年になっていまさら？」「本当に出来るの？」と諦めてしまっている人が多過ぎるのも事実なのです。ご本人の気持ちばかりではありません。ダイビングであれば、受け入れてくれるショップがあまりにも少ない事や、体調面（たとえば高血圧）から医者から反対され、家族からも危険なスポーツで命に関わるから反対され、リスク

だけを考えて諦めてしまうという事が多いのです。

ダイビングに関わらず何をするにもリスクを伴う事は当然です。しかし、僕は「何もしない」「何もできない」事のリスクをもう少し考えるべきだと思うのです。「何もしない」事で元気がなくなり、気力がなくなれば、家から出る事がなくなるでしょう。結果として、他の人とのコミュニケーションもなくなり、動かなくなるので、筋肉量が減少し、動く事ができず寝たきり状態になってしまう。これは大きな悪循環なのではないでしょうか？

せっかく元気に活動しようとしている人の自由ややる気を周りから奪ってしまっているように思えるのです。もちろん、ダイビングでなくても良いのです。ゴルフでもサーフィンでも登山でも、チャレンジしようという意欲さえあれば、年齢は関係ないのです。ミッドサマーのシニアダイバーの方たちがそれを証明してくれているのです。そうしたミッドサマーのシニアダイバーの元気を、もっと多くの同世代の方に知って頂き、チャレンジする勇気を持ってもらえたらと思っています。

そればかりではありません。シニア世代の家族の方や医師の方にもそうしたシニアのやる気を奪うのではなくそれを理解した上で、皆さんが自分のやりたい事を思い切り出来る環境作りに努力をして欲しいと思っています。次節で詳しくお話をしますが、現在、僕はダイビングインストラクターの傍ら、デイサービスで高齢者の方の体力つくり支援を行っています。デイサービスではその仕事の内容から当然高齢者のリスク回避を最優先に生活をする必要があるため、本来、本人が出来る事もサポートをしがちです。

怪我のリスクを最小限にするために、自由に歩く事にも制限が出てしまう事もあるでしょう。歩く事をさせなければ、「歩く」という機能が衰えてしまうのは当然です。ですから現場においては難しいとは思いますが、出来るだけリスク回避をした中で、一つでも自分の出来る事を増やして行く事が結果的には高齢者の方のためになるという事も考えねばなりませんし、それを受け入れるための知識、体力そして経験を積んでいかねばならないと思います。シニアの方のやる気を引き出してあげる事が健康寿命を伸ばす事にもつながるわけです。僕ら世代が、シニアを元気にするという事に対してもう一度しっかり向き合っていく必要があるのではないでしょうか。

## 第二節　ダイビングを離れた私の活動

前節でも少し話をしましたが、僕は現在高齢者の体力つくり支援の仕事をしているのですが、そのキッカケは神奈川県、静岡県、そして海外でデイサービス「にじいろ」を運営する株式会社ＬＩＬＹの長尾大輔社長との話から始まったのです。その社長がミッドサマーの元気あふれるシニアダイバーの姿をみて、現在「にじいろ」の利用者様の高齢者とのあまりの違いに驚き、この差が何処から来るのかという事に大きな疑問を持ったそうなのです。そこで、１００トレの話をしたところ、大変に興味を持っていただき、そのノウハウを提供していただけないかという事が始まりでした。

そこで一度、「にじいろ」の施設にお邪魔したのですが、僕にとっては衝撃の出来事でした。僕には高齢者であってもミッドサマーの元気なシニアダイバーの姿が当たり前だったのでそこに通う利用者様は、自分の想像以上に動けず、数時間も同じところにじっと座っているだけの状態でした。その姿、現実に僕は愕然としこの人たちの心の中では何を思っているのだろう。やりたい事も、希望、楽しみはあるのだろうか…その表情を見ていると自分には「無」の状態にあるような気がしてしまったのです。

というのも、ミッドサマーのシニアダイバーの皆さんは、「沖縄で潜りたい」「お孫さんと一緒にダイビングしたい」また、「年をとってもダンディでいたい」という大きな夢があるからこそ、必死にトレーニングもしているわけです。そういう姿を今まで当たり前に見てきたからこそ、「にじいろ」の利用者様の皆さんにもほんのささやかな事でも良いので、今まで以上に楽しみや希望を持って欲しい。日常の中で笑う回数を増やしたい！　そのためのお手伝いをしたい！

そう思ったのが100トレを参考にしながら、デイサービスの高齢者の方にも容易に行っていただける「にじいろ体操」の開発につながったのです。

最初はミッドサマーのシニアの方と、デイサービスの利用者様の差に愕然とした事は事実です。しかし、僕らスタッフが毎月、「にじいろ」の各施設を回って「にじいろ体操」を行っているうちに最初はあまり表情や動きがなかった方も、次に行くと、前回できなかった事が出来るようになったり、利用者様の方から「前より動けるようになっただろ！」と嬉しそうに声をかけて下さる方もいらっしゃりました。また、身体が思う様に動かせない方でも、懐かしい歌謡曲を口ずさむ方がいらっしゃったりと、皆さん少しずつですが、表情が豊かになり、笑顔が出る回数が増え利用者様の心の変化、自信、楽しさが芽生えてきていると感じ、継続していけばもっと出来るようになると可能性を感じました。

利用者様の中には自宅にいると家族に迷惑がかかるから、ご家族が少しでも自分の介護から開放される時間を作るために、自らデイサービスを利用されていると言う話も聞いた事がありました。家族のために出来る事。思いやりだなと感じました。その様なお話を伺ってなおさら、デイサービスがより楽しい場所であって欲しい。利

ミッドの元気をお裾分け

用者様の「元気になる」キッカケ作りをして行けたら良いと考えています。
また、高齢者の方ばかりではなく、そこで働くスタッフの皆さんにもさまざまな知識を学んで頂くことで今までよりも働きやすい環境を整えるお手伝いもさせて頂けたらと考えております。

デイサービスにじいろ
https://www.nijiiro-ds.com/

## 第三節　健康寿命を延ばすには生涯現役

デイサービスでのお手伝いを開始してつくづく感じた事は、日本の社会福祉の現状です。ミッドサマーのシニアダイバーもそうですが、80歳を過ぎてからも登山やマラソンに挑戦しているシニアがたくさんいる一方で、何もせずに、体力が落ち、そして人との関わりがなくなる事で認知が進んでいってしまっている人たち。

それを見ていると日本の社会福祉は一体何のためにあるのかと考えてしまいます。そもそも、社会福祉というのは「健康で文化的な最低限度の生活を営む権利」いわゆる生存権です。この権利は日本国憲法第25条によってすべての国民に保障されていて、これを保障するのは国の責務だと明記されています。しかし、現状では全く逆の状態になってしまっています。生存権の本来あるべき姿は、それぞれの人が、自立し、自らの力で生きていく事であって、社会の中の一員として関わっていかねばならないのではないでしょうか？　それを実現させる手段が、自己実現であって、偶然、私はシニアダイビングから福祉の世界に派生させていきましたが、要は、それぞれのシニアが自分のやりたい事を思いっきり、自分の人生の終わりが来るまでやり続けることが大切なのではないかと考えます。

現役時代はバリバリと働いていたのに、定年後には何もやる事がなく人生の目標を見失ってしまったという話をよく耳にしますが、そういう事がないよう、常に「何か」を見つけて生涯現役を貫いて欲しいのです。もちろん、それは当事者だけで実現出来るものではありません。当事者の「やりたい」を阻害してしまう要因を取り除かねばならないのです。それが、「いい年して危険だからやめなさい」といった家族の声や、「健康面でリスクが高過ぎる」といった医師の声なのです。そうではなく、シニアの方の「生きがい」となるものをいかに実現させてあげる事が出来るかといった事を考えてあげるようにしなければならないと思いますし、そうした協力体制を構築する事も必要になるでしょう。

何事においても「生涯現役」を貫き通す事は、生きる意味をもたらす事にもつながりますし、人生を楽しく豊かなものにしてくれると思います。もちろん、こうした思いを持ちながら、ダイビングインストラクターを主軸にデイサービスでシニアの方々との関わり合いを持つ事が出来るようになったのも、ミッドサマーのシニアダイバーとの今までのご縁があって皆さんのその生き様からたくさんの事を学ばせて頂いたからである事は間違いありません。そして、皆さんがシニアと言われる年齢にもかかわらずはつらつとしているのも「元気の素は海にある！」という言葉の下で日々を過ごしているからだと思います。

だからこそ、一人でも多くのシニアの方々に対して元気を取り戻すサポートをしていく事が僕のミッションと言っても過言ではありません。ここまで好き勝手偉そうな言葉を並べており ますが、僕もまだ50歳。80代ダイバーの皆様から見たらまだヒヨッコで、実際にお客様から「ツグ君も80代になったらわかるわよぉ〜！」とか「本当にこの年になると色々不安で体だってあちこち痛いんだから！　！」と言われた事もありました。

実際その通りです。僕は80歳の身体になった事がないし、身体の痛みも高齢者ならではの不安もわかりません。あくまでも医者や大学教授、教科書から学び得た知識や予想でしかない事は否めません。ただ実際にこの20年間、ミッドサマーでシニアの方達と接する機会を頂き、生きた勉強をさせて頂いた経験から、自分に出来る事、すべき事をたくさん学ぶ事が出来ました。これが20年間の僕の財産です。この経験をこれからのインストラクター生活に、そして後輩の育成に役立てていかなければならないと思っております。

# おわりに

現在の超高齢化問題は避ける事ができません。僕たちダイビングの世界も例外ではなく60代70代のダイビングインストラクターも珍しくはありません。ですから僕らインストラクターも高齢化対策をもっと真剣に考えなくてはなりません。それに、これから、60代70代80代ダイバーはどんどん増えて行き、近い将来100歳ダイバーも必ず出てきます。僕自身100歳現役ダイバーは夢から目標にかわりました。しかしはっきり言える事は、「加齢はリスク」だという事です。身体機能も判断能力も下がります。

安全にダイビングが出来るできないの判断、そして時にはダイバーを卒業させてあげるのもインストラクターの大事な仕事です。しかし僕は100歳現役ダイバーの夢はあきらめません。

**Never never give up! Dreams come true.**

「やりたい事！」があるのは最高の幸せです。年齢で諦めずに生涯現役で楽しみましょう。僕はその想いを真剣にサポートします！　これを読んで下さっている方が《やりたい事》に出会える事。そしてダイビングに興味のある方、またダイバーの方であれば、自分にあったインストラクターやショップに、そして海仲間に出会い、心身ともに健康で100歳現役ダイバー目指して幸せな生活を手に入れる事を心より願っています！

ミッドサマー20周年を迎えられた今。僕と関わってくれたすべての皆様に感謝の気持ちでいっぱいです。好きな事を仕事としてやり抜く生き方を教えてくれた両親。社会人としてのマナーや仕事の向き合い方、ノウハウを教えて下さった尾崎さん。ダイビングインストラクターとして育てて頂き、楽楽会メンバーとの出会いとなったショップとキャプテン。トレーニング指導、経営について教えて下さった八代トレーナー。自分の夢を一緒に追いかけてくれサポートしてくれた妻や家族。何より、自分を信じてミッドサマー立ち上げを後押ししてくれた楽楽会メンバーの皆さん。

20年間、ミッドファンでいて下さったミッドファミリーの皆さん。誰一人欠けても今の自分もミッドサマーもなかった事でしょう。

本当にありがとうございます。

そしてこの20年。
我が子もお客様の皆さんに可愛がって頂きながら成長してきました。
オープン当初2歳だった長男は当時60代ダイバーの皆さんに可愛がって頂いていましたが、今年からミッドサマースタッフとなりダイビングインストラクター、スポーツトレーナーとして80代になったお客様をサポートさせて頂けるようになりました。

沖縄移住した時に生後3か月だった次男坊は幼い頃からの夢を追い続けプロ野球選手を目指して日々トレーニングに励み、三男は高校野球最後の年。甲子園を目指しながら、小さい頃からの憧れの《海猿》の夢を今も追いかけています。

自分が夢を追い続けながら好きな事を仕事として来て今があるので、子供たちにも自分の人生の目標をしっかり追い続けて夢を掴み取って欲しいと願っています。

そして今回、書籍化をするために、ご尽力いただいた皆様。ここに改めて感謝致します。

## 《元気の素は海にある！》

僕の夢はまだ道半ば。ミッドサマーのシニアダイバーの皆様が100歳現役ダイバーになるため、大好きな海を感じ、大好きな海仲間との時間をこれからもずっと楽しめる様に、出来る限りのサポートをしていきます。それが、僕を信じついてきてくれた皆さんへの恩返しだと思うから。これからも一緒に楽しんでいきましょう！

## 【参考資料】

〈文献〉

●石井直方　いのちのスクワット（2度のがんから私を救った）マキノ出版（2021／10／25）
●本山輝幸　ボケたくないなら筋トレをやりなさい　脳が蘇る本山式筋力トレーニング　KADOKAWA（2015／5／25）
●阿部良仁　岩間徹　パーソナルトレーナーズバイブル　スキージャーナル株式会社（2003／6／20）
●SSI　ダイバーストレス&レスキューコース教本

●Divers Alert Network JAPAN　ダン・ジャパン会報　Vol.29（2019年11月29日発行）
「浸漬性肺水腫を考える」　亀田総合病院救命急科部長　鈴木信哉先生

〈ホームページ〉

●厚生労働省　https://www.e-healthnet.mhlw.go.jp/information/hale/h-01-002.html

●PADIブログ（新しいハンドシグナルはダイバーの体調変化を素早く伝える）
https://blog.padi.com/jp/the-new-hand-signal-do-you-know-them-yet/

●実技モデル：屋代まどか、家接海輝、家接夏輝

●イラスト：簑島麻佳

## プロフィール

家接　剛志（イエツグ　タケシ）　１９７３年7月15日生まれ

夢は１００歳現役ダイバーとプロ野球選手を育てる事。
現在ミッドサマーでは１００歳現役ダイバープロジェクトを通して80代現役ダイバー6人が元気にダイビングを楽しんでいます！

ＳＳＩダイビングインストラクタートレーナー、潜水士
高齢者体力つくり支援士Dr　ＪＨＣＡジュニアスポーツディレクションコーチ
日本イップス協会認定トレーナー

ダイビングスクールミッドサマー
https://midsummer.jp/

ミッドサマーJrトレーニングセンター
https://www.midsummer-100tore.blue/

元気の素は海にある！　100歳現役ダイバープロジェクト始動中！

2024年6月20日　第1刷発行

著　者——家接剛志
発　行——日本橋出版
〒103-0023　東京都中央区日本橋本町2-3-15
https://nihonbashi-pub.co.jp/
電話／03-6273-2638
発　売——星雲社（共同出版社・流通責任出版社）
〒112-0005　東京都文京区水道1-3-30
電話／03-3868-3275

ISBN 978-4-434-34091-8